narr **STARTER**

Manuela Franke /
Anne-Marie Lachmund

Digitales Lesen im Fremdsprachenunterricht

narr\f
ranck
e\atte
mpto

Die Kapiteleingangsbilder wurden von ChatGPT-4o generiert.

Bibliografische Information der Deutschen Nationalbibliothek
Die Deutsche Nationalbibliothek verzeichnet diese Publikation in der Deutschen Nationalbibliografie; detaillierte bibliografische Daten sind im Internet über http://dnb.dnb.de abrufbar.

DOI: https://doi.org/10.24053/9783381101023

Dischingerweg 5 · D-72070 Tübingen

Internet: www.narr.de
eMail: info@narr.de

Elanders GmbH Waiblingen

ISSN 2509-6036
ISBN 978-3-381-10101-6 (Print)
ISBN 978-3-381-10102-3 (ePDF)
ISBN 978-3-381-10103-0 (ePub)

FSC www.fsc.org MIX Papier | Fördert gute Waldnutzung FSC® C016368

Inhalt

1. Einleitung: Warum und wozu digitales Lesen im Fremdsprachenunterricht?

Der digitale Wandel in Schule und Gesellschaft hat neben technischen Neuerungen und Auswirkungen auf externe Kommunikationsmodi auch einen tiefgreifenden gesellschaftlichen Wendeprozess zufolge, der stark veränderte Kulturtechniken, Arbeits- und Rezeptionsweisen nach sich zieht. Mit der Technologisierung, (Massen-)Medialisierung und Globalisierung treten auch Aspekte der Mehrsprachigkeit und Diversität in den Fokus, die laut Kerschhofer-Puhalo (2018: 164)

> nicht nur aktuelle Entwicklungen und gesellschaftlichen Wandel, sondern auch die veränderten Anforderungen an das Bildungswesen und die Gestaltung schulischer Leseförderung charakterisieren.

Die in den aktualisierten Bildungsstandards für die erste Fremdsprache neu eingeführte „fremdsprachenspezifische digitale Kompetenz" (KMK 2023: 25) trägt diesem Umstand ebenfalls Rechnung und ist eng an die Lesekompetenz gekoppelt. Diese ist für eine erfolgreiche Partizipation im digitalen Raum von zentraler Bedeutung, denn das Erlernen des Lesens spielt eine entscheidende Rolle in der Entwicklung eines Individuums und ist essenziell für die soziale, kognitive und persönliche Entfaltung. Eine solide Lesefähigkeit trägt zur langfristigen gesellschaftlichen Handlungsfähigkeit bei, fördert das Urteilsvermögen und beeinflusst die soziale Interaktion (auch im digitalen Raum). Des Weiteren unterstützt sie die Kritik- und Reflexionsfähigkeit und befähigt dazu, komplexe Themen aus verschiedenen Blickwinkeln zu betrachten. Lesen wird daher als ein wichtiger Indikator für Bildungsniveau, schulischen Erfolg und Quelle lebenslangen Lernens angesehen. Es gilt als eine Schlüsselqualifikation, die fächerübergreifend relevant ist und eine Voraussetzung für die kompetente Nutzung verschiedener Medien darstellt (vgl. u. a. Artelt & Schlagmüller 2004: 141; Oakhill et al. 2015).

In unserer von digitaler und multimedialer Kommunikation geprägten Welt gewinnt das digitale im Wettstreit mit dem analogen Lesen stetig an Relevanz, da Jugendliche den primär textbasierten virtuellen Raum sowohl in ihrem außerschulischen Alltag als auch für formelles Lernen lesend betreten und in diesem bestehen müssen (vgl. JIM-Studie, MPFS 2023). Wie die PISA-Sonderauswertung zum Lesen im 21. Jahrhundert (OECD 2021: 4) ganz zentral ergab, resultiert eine höhere Kontaktzeit mit digitalen Texten jedoch nicht automatisch in einer ausgeprägten Lesekompetenz. Für deutsche Jugendliche offenbarte sich das digitale Lesen sogar als Hemmnisfaktor beim Aufbau einer ausgeprägten Lesekompetenz, woran sich die Unterschiede zwischen digitalem und analogem Lesen manifestieren (siehe diesbezüglich Kapitel 3).

Nachdem jahrzehntelang die Digitalisierung der Bildung – nahezu ohne Gegenwind – flächendeckend gefordert wurde und die Trägheit des Einzugs digitaler Geräte in deutsche Schulen immer wieder öffentlich breit geführte Debatten befeuerte, zeigt sich nun immer häufiger eine kritische Distanzierung hinsichtlich jener Überzeugungen, die nicht zuletzt mit den Empfehlungen von Schwedens Karolinska Institut zur nationalen Digitalisierungsstrategie des Bildungswesens (2023) in einer drastischen Abkehr von diesen mündete.

Lange galt das schwedische Beispiel als Vorreiter für digitale Bildung: mit einem Verzicht auf Papier und Buch sollte eine „Bildung der Zukunft“ ab Schuleintritt ermöglicht werden, jedoch treten mit zunehmender Datenlage die Probleme und negativen Auswirkungen auf das Lernen und hier insbesondere auf die Qualität des Leseverständnisses in den Vordergrund.

Nicht nur für Schweden, sondern den gesamten OECD-Raum gültig, mangele es aktuell noch an didaktischen Konzepten und einer flächendeckenden Vermittlung digitaler Lesekompetenz, wodurch sich die Leseleistungen insgesamt eher verschlechterten (vgl. OECD 2021; auch Stavanger Declaration 2019). Die Auswirkungen erstrecken sich auf alle Sprachfächer, erhalten jedoch mit Blick auf den Fremdsprachenunterricht eine besondere Brisanz, stellt doch das Leseverstehen die Lernenden aufgrund häufig geringerer Kenntnisse der sprachlichen Mittel vor besondere Herausforderungen, was die Vermeidung der Lektüre in der Fremdsprache zufolge haben kann (vgl. u. a. Höfler & Aspalter 2024).

Der vorliegende Band möchte sich statt für einen Rückgang zum gedruckten Buch für einen ausgewogenen, zielgerichteten Ausbau der digitalen fremdsprachlichen Lesekompetenz stark machen, der die Potenziale und Grenzen des digitalen Raums reflektiert und berücksichtigt. Dabei sollen neben der Notwendigkeit der Förderung einer spezifisch-digitalen Lesekompetenz besonders deren Schwierigkeiten in der Umsetzung im Klassenraum skizziert werden, um für die Herausforderungen in der methodisch-didaktischen Aufbereitung von Lehr-Lern-Arrangements zu sensibilisieren. Diese funktional und adressatengerecht zu planen und umzusetzen, setzt jedoch ein tiefgreifendes Verständnis für die veränderten Lese- und Sehgewohnheiten im Digitalen voraus, denen im Folgenden nachgegangen wird. Hierzu werden unter 2. zunächst die Grundlagen des Leseverstehens im Fremdsprachenunterricht im Zusammenspiel aus Analog und Digital einhergehend mit dem Konzept der *multiliteracies* vorgestellt, um anschließend unter 3. Eigenschaften digitaler Texte und deren Leseweisen zu diskutieren. Anhand des veränderten Einsatzes von Lesestrategien im digitalen Raum werden potenzielle Ablenkungsmechanismen präsentiert und mithilfe aktueller Studien eingeordnet, inwiefern sich diese auf das Leseverstehen auswirken können. Kapitel 4 führt die Erkenntnisse zu Implikationen für den Fremdsprachenunterricht zusammen, indem Hinweise zur Auswahl von digitalen Texten und deren didaktischer Aufbereitung zum Aufbau einer fremdsprachlichen digitalen Lesekompetenz angeführt werden. Nach einem die Ergebnisse des Theorieteils zusammenfassenden Fazit, das sich als Plädoyer für eine Didaktik des digitalen Lesens versteht, wird anhand zweier Beispiele aus der Unterrichtspraxis verdeutlicht, wie die digitale Lesekompetenz im fremdsprachlichen Unterricht geschult werden kann.

2. (Digitales) Leseverstehen im Fremdsprachenunterricht

2.1 Grundlagen des Leseverstehens

Beim Lesen handelt es sich um eine zielgerichtete, selektive und antizipatorische Aktivität, mit der nicht nur intendiert wird, neues Wissen zu erlangen, sondern zu kommunizieren. Dabei werden Informationen aus dem Text extrahiert und Erwartungen an diesen gestellt, die den Verlauf des Leseprozesses beeinflussen (vgl. Bergfelder & Caspari 2008: 58; Lehrner-te Lindert 2020: 15). Nordquist (2017, zit. in Lim & Toh 2020: 24) definiert in diesem Kontext *digital reading* als „the process of extracting information from a text that is on a digital device" wie beispielsweise Computer, Tablet, Smartphone und *e-reader*. Da sie eingebettet in ein webbasiertes Interface sind, existieren digitale Texte immer in einem modularen Netz zu anderen Texten – erkenntlich u. a. an der Praxis der Hyperlinks – weshalb eher der Plural gebraucht und also von Texten bzw. Quellen die Rede sein sollte (vgl. Philipp 2018: 24). Mit der multimedialen und synästhetischen Vielfalt steigt ebenso die Menge an Inhalten, womit sich die Rezeptionsform digitaler Quellen ändert, was eine Entwicklung neuer, adäquater Lesetechniken zur Folge hat (vgl. Bender 2020: 384 bzw. vertieft hierzu Kapitel 3).

Zwischen den Lesekompetenzen in der ersten Sprache (L1) und den anschließend erlernten Fremdsprachen (L2 und L3 etc.) besteht eine deutliche Verbindung: Personen, die bereits in ihrer L1 Schwierigkeiten beim Lesen haben, weisen ähnliche Probleme beim Lesen in der L2 oder L3 auf (vgl. Rindlisbacher 2021: 56). Bereits das im ersten Leseschritt erfolgende Extrahieren von kleineren Einheiten (z. B. Wörter, Morpheme und Phrasen), das durch die Identifikation der kommunikativen Funktion derselben im Kontext der gesamten Äußerung geschieht (vgl. Tomasello 2003: 41; Lutjeharms 2007: 109–112), ist in der Fremdsprache – v. a. im Anfangsunterricht – zusätzlich erschwert. Auch das im zweiten Schritt des Leseprozesses erfolgende Erkennen von Mustern in Teilen von oder ganzen Äußerungen stellt für Fremdsprachenlernende per se eine Herausforderung dar (vgl. ebd.). Zudem unterscheidet sich die Lesesituation zwischen der Erstsprache, der erstgelernten und den zweit- oder drittgelernten Fremdsprachen im digitalen Raum, wo insbesondere Englisch als Lingua franca vorherrscht. Die Dominanz des Englischen im Digitalen kann dazu führen, dass das Lesen in anderen Fremdsprachen vernachlässigt wird, da die Ressourcen auf das Englische gerichtet sind. In diesem Kontext wird der Umgang mit Wörterbüchern oder Online-Übersetzern, die über Tablet und Smartphone auch immer mehr Einzug in den schulischen Fremdsprachenunterricht halten (vgl. Jolley & Maimone 2022), zu einer besonders wichtigen Fertigkeit, um effektiv und zielgerichtet die Lesekompetenz in den Fremdsprachen zu verbessern.

2.2 Leseprozesse und Lesestrategien

In der heutigen Informations- und Wissensgesellschaft ist die Auswahl und Prozessierung von Informationen von zentraler Bedeutung (vgl. Leupold 2007: 226). Diese erfolgt (noch) sowohl im Analogen als auch im Digitalen vornehmlich basierend auf dem Lesen entsprechender Quellen[1], womit Kinder und Jugendliche aktuell viel Zeit verbringen (vgl. MPFS 2023: 26; Lehrner-te Lindert 2020: 16). Damit Fremdsprachenlernende autonom mit den Zielsprachen und deren -kulturen in Kontakt treten, sich über diese informieren sowie ihre sprachlichen und interkulturellen Kenntnisse erweitern, bedarf es entsprechend der Fähigkeit, authentische Texte lesen und verstehen zu können (vgl. Koch 2021: 39). Zu einem kompetenten Umgang mit komplexen (digitalen) Texten gehört es, Informationen zu extrahieren und Schlussfolgerungen zu ziehen, gleichzeitig verbessern Lernende ihre kognitiven Fähigkeiten wie analytisches Denken, Problemlösungsfähigkeiten und Textverarbeitungsfertigkeiten und somit ihre Kapazität, sich in verschiedenen Kontexten zu behaupten und als mündige Bürger:innen auch im Zielsprachenland sowohl analog als auch digital-kommunikativ handlungsfähig zu sein (vgl. Bergfelder & Caspari 2008: 58). Der Aspekt der Förderung der Autonomie im Umgang mit digitalen Quellen spielt hierbei eine entscheidende Rolle (vgl. Hallet 2020: 167), denn nur mit dem erfolgreichen Einsatz von Strategien und zügig ablaufenden Leseprozessen ist eine vollwertige Partizipation im digitalen Leseraum gesichert:

---

1 Eine Erweiterung analoger Lesemodelle um Elemente des Digitalen nehmen von Brand, Eikenbusch & Mues (2023: 215) in Anlehnung an Coiro (2021: 11) und Rosebrock & Nix (2017: 16) vor. Sie beschreiben die Handlungsdimensionen bei Lehr- und Lernprozessen über digitales Lesen ausgehend von den verschiedenen Ebenen der Lektüre (Prozessebene, Subjektebene und soziale Ebene, vgl. ebd. 15) und ergänzen es durch die Anordnung der Komponenten in den einzelnen Ebenen, die beim digitalen Lesen stattfinden: Elemente des Lesekontextes, der digitalen Lesehandlung, des digitalen Textes und der Lesenden bei der Handhabung digitalen Lesens (vgl. Coiro 2021).

> Zunehmend werden im Fremdsprachenunterricht autonome Lernformen integriert, die den Lernenden nicht nur ein individuelles Erfassen des Lernstoffes ermöglichen, sondern auch das selbstständige und lebenslange Lernen außerhalb des Schulunterrichts anbahnen sollen. Damit verbunden sind der Erwerb bestimmter Lerntechniken und die Bewusstmachung von Strategien. (Elsner 2018: 37)

Sowohl für das Analoge und Digitale gültig, ist Lesen als ein aktiver Vorgang zu verstehen, der erst durch die Kombination von *top-down-* (auch *concept-driven* oder *knowledge-driven*) und *bottom-up*-Prozessen (auch *text-based* oder *data-driven processing*) erfolgreich stattfindet. Bei ersteren werden basierend auf bereits vorhandenem, in Schemata gebündeltem Erfahrungs- und Weltwissen, das auch deklaratives Wissen über Vokabular, Grammatik, Intonation usw. einschließt, Hypothesen aufgestellt und fehlende Informationen ergänzt. Es findet zudem eine fortlaufende Antizipation über den weiteren Verlauf des Textes statt (vgl. Koch 2021: 37f). Vor allem im Kontext des digitalen Lesens sind *top-down*-Prozesse von hoher Relevanz: Bereits Vorwissen über die Besonderheiten, Entstehensprozesse und Funktion(en) von digitalen Quellen sowie bereits gemachte Erfahrungen mit denselben können beispielsweise dazu beitragen, sinnvolle Hypothesen aufzustellen und damit den Leseprozess gewinnbringend zu begleiten. Gleichzeitig können aber durch die Besonderheiten digitaler Texte (Praxis der Hyperlinks und Zersplitterung, siehe hierzu ausführlich Kapitel 3) *top-down*-Prozesse gestört werden, da die häufig nicht mehr gegebene Linearität digitaler Texte Voraussagen über deren weiteren Verlauf erschweren.

Wie auch im analogen Raum konstruieren Leser:innen durch die Dekodierung von Wörtern, Sätzen und Textstrukturen anhand textbezogener Aspekte die Bedeutung des jeweiligen Textes (vgl. Bergfelder & Caspari 2008: 58; Tomasello 2003: 41). Dabei ist es besonders für Sprachanfänger:innen schwierig, die notwendigen Kapazitäten für das Textverständnis aufzubringen, da es einer hohen Konzentration bedarf, um nicht vertraute „Phonem-Graphem-Korrespondenzen, Wortstellungen und idiomatische Ausdrücke" (Koch 2021: 37) zu entschlüsseln. Letzteres geschieht mitunter „langsam, Buchstabe für Buchstabe, Wort für Wort" (ebd.; vgl. auch Blume & Nieweler 2016: 3; Nünning & Surkamp 2008: 19f.). Im Gegensatz dazu läuft die Dekodierung bei versierten Lesenden zu großen Teilen automatisiert ab: Sie erfassen breitere Perzeptionseinheiten bzw. *chunks* und orientieren sich an Zusammenhängen auf sprachlicher Ebene, wie beispielsweise „temporalen und kausalen Verbindungen, die durch Konjunktionen angezeigt werden" (Koch 2021: 37).

Wie bereits angedeutet, ist für einen gelingenden Leseprozess zudem der Einsatz verschiedener Lesestrategien relevant. Sowohl die erstsprachliche als auch die fremdsprachliche Lesekompetenzförderung zielt entsprechend darauf ab, Lernende dabei zu begleiten, ein individuelles Repertoire an Lesestrategien zu entwickeln, die dann je nach Bedarf adaptiv verwendet werden können (vgl. Koch 2011: 7). Zu den im Fremdsprachenunterricht verbreiteten Lesestrategien, die vor, während und nach dem Leseprozess eingesetzt werden können, gehören Techniken, wie das bildliche Vorstellen des Gelesenen, das Aktivieren von bereits vorhandenem Wissen, das Aufstellen und Überprüfen von Vermutungen, das Erschließen unbekannter Wörter, das Stellen von Fragen zum Text und das Herstellen von Verbindungen zwischen dem Gelesenen und persönlichen Erfahrungen (vgl. Henseler & Surkamp 2020: 145). Philipp (2018: 112) zufolge müssen Lernende mit zunehmendem Alter ihr eigenes Repertoire verstetigen, denn:

> Strategien entfalten dann den größten Nutzen, wenn Lernerinnen und Lerner sie für persönlich bedeutsame Ziele nutzen, sie als nützlich und effektiv empfinden und sie Strategien selbstreguliert anwenden.

Um komplexe Zusammenhänge erfassen und Bezüge zu anderen Texten herstellen zu können, bedarf es der Entwicklung der Fähigkeit zur Textkritik (vgl. Henseler & Surkamp 2020: 144). Somit müssen Lernende nicht nur Wissen über Vokabular, Grammatik und kulturelle Hintergründe erlangen, sondern auch mit Strategien und Techniken zur Texterschließung und Informationsverarbeitung vertraut gemacht werden (vgl. Nünning & Surkamp 2008: 22).

Es lassen sich drei wesentliche Herangehensweisen an Texte identifizieren, die Schüler:innen bewusst und je nach Leseziel einsetzen können sollten: globales Lesen (auch *skimming*), selektives Lesen (auch *scanning*) und detailliertes Lesen. Das globale Lesen ermöglicht einen groben Überblick über den Text mit dem grundlegenden Erfassen von „(Zwischen-)Überschriften, grafischen Hervorhebungen, Bildern und Bildunterschriften“ (Koch 2021: 40), ohne vorerst den Text detailliert zu lesen. Um nach gezielten konkreten Informationen zu suchen (z. B. zentrale Begriffe, Namen, Uhrzeiten usw.), wird ein Text gescannt. Diese beiden Lesestile werden zumeist innerhalb einer kurzen Zeitspanne ausgeübt und erfolgen oft progressiv. Beim zeitintensiven detaillierten Lesen geht es darum, einen Text in seiner Gänze zu erfassen, alle Inhalte zu verstehen und auch Details nachvollziehen zu können (vgl. ebd.).

Im Kontext des digitalen Lesens in einer Fremdsprache ist es entscheidend, dass Lernende nicht nur die traditionellen Lesefertigkeiten entwickeln, sondern auch digitale Lesestrategien beherrschen, denn der digitale Raum hat eine Veränderung des Leseverhaltens von Kindern und Jugendlichen zufolge (vgl. z. B. Lehrner-te Lindert 2020: 16). Neben dem Scannen von Webinhalten, um relevante Informationen schnell zu finden, gilt es auch multimediale Elemente wie Bilder, Videos oder Hyperlinks deuten zu können und in den Gesamtkontext des Textes einzubinden, ohne sich im Lektüreprozess zu verlieren (siehe Abschnitt 3.2). Darüber hinaus müssen Lernende auch die Fähigkeit entwickeln, digitale Werkzeuge zur Unterstützung des Verständnisses einzusetzen, sei es durch die Verwendung von Online-Wörterbüchern oder Übersetzungstools (siehe Kapitel 4.2.3). Diese digitalen Lesefertigkeiten ergänzen die traditionellen und sind in der heutigen digitalen Welt unverzichtbar, um fremdsprachliche Texte effektiv zu verstehen und zu verarbeiten.

2.3 Zur Relevanz der *multiliteracies* im Kontext des digitalen Lesens

Die auch im Fremdsprachenunterricht gültige Zielsetzung einer Vorbereitung der Schüler:innen auf die Anforderungen einer sich ständig ändernden, globalisierten Welt zeichnet sich durch eine Lesesozialisation aus, die durch Multimedialität, Multimodalität und Mehrsprachigkeit geprägt ist, wobei „alle uns zur Verfügung stehenden […] Medien und sprachlichen Ressourcen“ kombiniert werden, „um Sinn und Bedeutung von Texten entstehen zu lassen bzw. diese zu lesen und zu verstehen (Multiliteralität)“ (Kerschhofer-Puhalo 2018: 164; vgl. auch Hallet 2020: 167). Schüler:innen widmen sich im digitalen Raum verschiedenen Online-Ressourcen, wie beispielsweise Textnachrichten bzw. *instant-messages* und insbesondere sozialen Medien. Mit steigendem Alter gewinnen auch E-Mails, Nachrichten-Webseiten, Foren und literarische Texte an Relevanz (vgl. Lehrner-te Lindert 2020: 16). Kombiniert werden textliche (schriftliche wie mündliche), visuelle und auditive Aspekte beispielsweise in Form von Videos, Memes oder Sprachnachrichten, die sich besonders großer Beliebtheit erfreuen (vgl. Nünning & Rupp 2012: 5). Die *multiliteracies*-Pädagogik zielt darauf ab, Lernende zur Navigation in einer Welt zu befähigen, in der Kommunikation und Informationsverarbeitung auf vielfältige Weisen erfolgen (vgl. ÖSZ 2023: 6):

> Die Multimedialität der Texte und die Multimodalisierung des Unterrichts durch die Vielzahl der symbolischen Darstellungsformen erfordern die Ausbildung einer entsprechenden Vielzahl von *literacies* (Literalitäten oder Kompetenzen), z. B. einer *electronic literacy* zum Umgang mit digitalen Medien oder einer *visual literacy* zum Verstehen von Bildern. (Hallet 2016: 41)

Ein Kernkonzept der *multiliteracies*-Didaktik ist neben der kritischen Analyse von Quellen (kritische Literalität; siehe diesbezüglich auch Kapitel 4.2.3) vor allem die design-orientierte Gestaltung dieser, an der Lernende aktiv im Rahmen von gemeinschaftlichen und kollaborativen Arbeitsprozessen teilnehmen (vgl. Cope & Kalantzis 2020: xxvi). Somit wird herausgestellt, dass die Bedeutung von Texten und Medien oft vom Kontext abhängt, in dem sie verwendet werden (Sinnkontextualisierung) und eine Interpretation in verschiedenen sozialen, kulturellen und kommunikativen Kontexten geschehen muss (vgl. Hallet 2020: 167).

Mit diesen verschiedenen Literalitäten konfrontiert, bewegen sich Schüler:innen täglich mehrere Stunden im digitalen Raum, wo sie einer

> diversity of languages within the bounds of nation-states, of dialects, of registers, of popular as well as high culture, and of a panoply of social languages varying according to affinity, identity, technological know-how, and professional expertise (Cope & Kalantzis 2024: 4 f.)

begegnen. Eine situationsangemessene Reaktion auf diese Umstände bedarf zunächst einer Lesefähigkeit, die flexibel angepasst wird (vgl. Lehrner-te Lindert 2020: 15).

Wissen als Handlung verstehend (vgl. Cope & Kalantzis 2024: 3), fokussiert die *multiliteracies*-Pädagogik Wissensprozesse und epistemische Handlungen, die auch für den digitalen Leseprozess grundlegend sind:

> experiencing (immersion in the realities of the world); conceptualizing (theorizing the world in disciplinary terms); analyzing (critically investigating purposes and human interests that underlie knowledge); and applying (representing meaning appropriately or creatively in real contexts). (ebd.)

Neben kognitiven, affektiven und psychomotorischen Bereichen des Lernens fördern die im obigen Zitat genannten Tätigkeiten auch eine effektive Mediennutzung, die sowohl eine handlungsbezogene und materielle als auch eine mentale Aktivität einschließt (ebd.). Dabei umfassen

> Multiliteracies all domains of contemporary learning, using old as well as new media of knowledge representation across all subject areas and all levels of learning. (ebd.)

Nicht zuletzt in den aktualisierten Bildungsstandards für die erste Fremdsprache Englisch / Französisch wurde dies mit der neu eingeführten „fremdsprachenspezifischen digitalen Kompetenz" (KMK 2023: 25) aufgegriffen. Mit dieser werden „kulturell geprägte Aspekte von Kommunikation" (ebd.) in den Blick genommen, die zu einer Kompetenzentwicklung zur „rezeptiven, produktiven und interaktiven Teilhabe an multimodalen Kommunikations- und Interaktionsformen (mündlich, schriftlich, visuell, Mischformen) [...]" (ebd. 26) befähigen und zur „kritisch-reflektierenden Nutzung von Möglichkeiten der Unterstützung des eigenen Fremdsprachenlernens sowohl innerhalb als auch außerhalb von Schule und Unterricht“ (ebd.) anregen sollen. Die Lernenden sollen „beim Lesen auf ihnen vertraute (digitale) Werkzeuge in der Regel selbstständig zurückgreifen“ (ebd. 12). Dieses Ziel ist jedoch nur dann zu erreichen, wenn digitales Lesen im Fremdsprachenunterricht auch thematisiert und Lernende für die Unterschiede zum analogen Lesen sensibilisiert werden.

Dies erfordert auch eine an Diversität orientierte Anpassung des Unterrichts, da sich die heterogenen Ausgangsbedingungen im digitalen Raum in unterschiedlichen Ausprägungen der Lesekompetenz widerspiegeln (vgl. Cope & Kalantzis 2020 zu einer *reflexive pedagogy*). Schulische Leseförderung fokussiert sich hierbei noch stark auf analoge Formate, die „papier- und buchbezogen, größtenteils standardsprachlich orientiert und monolingual gestaltet“ sind (Kerschhofer-Puhalo 2018: 164; auch vgl. von Brand, Eikenbusch & Mues 2023: 7), deren Umgangsweisen in den digitalen Raum transferiert werden. Die Leseforschung muss sich daher insbesondere an den medienbezogenen Handlungen der Nutzer:innen orientieren und die Erwartungen und Lesegewohnheiten, die die User:innen an den Text aus dem Bereich Entertainment aus ihren außerschulischen, in soziale Kontexte eingebetteten schriftbezogenen Handlungen mitbringen, für den Fremdsprachenunterricht berücksichtigen. Denn an diese Vorerfahrungen schließt nun die Schule an, weshalb zunächst eruiert werden muss, wie genau digitale Texte mit ihren Besonderheiten gelesen werden.

3. Digitale Texte und ihre Lesarten

3.1 Besonderheiten digitaler Texte

Unter digitalen Bedingungen erfährt die Kulturtechnik des Lesens eine Transformation, die die Lesekompetenz somit eng an die Medienkompetenz bzw. digitale Kompetenz[2] koppelt. Insbesondere die Rezeption von Hypertext und Hypermedia unterscheidet sich von der herkömmlichen Lektüre gedruckter Bücher (vgl. Bender 2020: 385). Ein digitaler Text ist oft eine Medienkombination von Tonmaterial, Bildern, Filmen und Grafiken, wobei diese in ihrem Zusammenspiel eine Einheit ergeben, die ein anderes Miteinander der Einzelteile zu einem neuen Gesamttext schafft (vgl. Frederking 2006: 751).

Zu definieren, was ein digitaler Text bzw. eine digitale Quelle ist, hat sich seit jeher als schwieriges Unterfangen erwiesen: Hille (2020: 116) zufolge ist der dem digitalen Raum inhärenten „Offenheit, Vielfalt und Dynamik" gerecht zu werden, was in einem weiten Text- bzw. Literaturbegriff[3]

---

2 Siehe für eine Definition von digitaler Kompetenz den *EU Digital Competence Framework* (2019 bzw. 2022), der fünf übergreifende Bereiche formuliert (z. B. *information and data literacy*), die jeweils verschiedene Kompetenzen und Ziele umreißen.

3 Die Termini im Zusammenhang mit der Textbegriffdebatte im Digitalen sind vielfältig: „Von digitalen literarischen Texten wird oft auch als Netzliteratur, New Media Literature, digitaler Poesie,

resultiert. Digitale Texte umfassen mündliche Performances, die gehört werden können, sowie Medienverbünde aus analogen und hybriden Quellen, Paratexten und Games. Zu unterscheiden ist zwischen digitalisierten Quellen (z. B. eingescannten Büchern) und digitalen Quellen, die als „born digital" (Winko 2016: 4) zu kategorisieren sind. Im Folgenden werden digitale Texte insofern vorrangig unter medialen und formalen Aspekten verstanden, da sie Spezifika des digitalen Raums umfassen: mithilfe von digitalen Technologien werden sie erstellt, verbreitet und konsumiert. Dabei gibt es oft Optionen, um digitale Texte interaktiv zu gestalten, wodurch es den Rezipient:innen ermöglicht wird, sich aktiv am Inhalt zu beteiligen. Bei vielen Texten im Internet erfolgt jedoch keine redaktionelle Bearbeitung vor der Publikation, weshalb diese inhaltlich und sprachlich vor diesem Hintergrund einzuordnen sind. Auch die häufig bedeutendere Rolle der:des Rezipient:in bei der Lektüre digitaler Texte gilt es, zu thematisieren. So gehen die Verfasser:innen einiger digitaler Textsorten von der aktiven und sichtbaren Partizipation am Gelesenen aus, was im Internet z. B. durch Kommentare zu einem digitalen Text zum Ausdruck kommt (vgl. u. a. Frederking & Krommer 2019: 10). Diese Prozesse werden unter den Begriffen der kollektiven Autor:innenschaft (*social writing*) sowie der gemeinschaftlichen Rezeptionshandlungen (*social reading*) zusammengefasst (vgl. Dannecker & Kónya-Jobs 2021: 3). Der Umgang mit Medien ist vergleichsweise weniger passiv-konsumierend als zuvor, sondern zunehmend aktiv, produktionsorientiert, spielerisch und nicht zuletzt kommunikativ-kollaborativ, ergo gemeinschaftlich geworden: „Participatory culture shifts the focus of literacy from one of individual expression to community involvement." (Jenkins

---

Hyperfiction oder Cyberfiction gesprochen – Begriffe, die einer genaueren Betrachtung bedürfen." (Hille 2020: 116).

et al. 2009: 7, zit. in Dannecker & Kónya-Jobs 2021: 2) Die Rezipient:innenrolle verändert sich ebenfalls, da von der Seite der Leser:innen typische Funktionen von Autor:innenschaft teils übernommen werden, u. a. in Form von Selektionsprozessen und der Steuerung des eigenen Lesewegs (vgl. Bender 2020: 385 f., siehe hierzu vertiefend Abschnitt 3.2). All dies macht die Rollen der Konsumierenden und Produzierenden komplexer: Da die Bedeutung eines Textes im Prozess des *meaning making* ko-konstruktiv durch Interaktion zwischen rezipierenden Lesenden und Textproduzent:innen und deren Intentionen und Erfahrungen entsteht, ist Lernen bzw. Wissen ein Aushandlungsprozess, der nach diesem Verständnis erst durch die gemeinsame Ko-Konstruktion entsteht. Die Grenzen zwischen Lesen und Schreiben, Autor:innen und Leser:innen, Journalist:innen und Medienkonsument:innen, Massenmedien und sozialen Medien, zwischen distinkten Textsorten (z. B. Blog und Vlog) und letztlich auch die Grenzen zwischen Lehrenden und Lernenden (z. B. durch kollaborative Lernplattformen) und oft sogar zwischen einzelnen Sprachen verschwimmen damit zusehends (vgl. Cope & Kalantzis 2015).

Digitale Texte sind zudem von ihrer Rezeptionsoffenheit bestimmt. Häufig sind weder Rezeptionsrichtung noch -art vorgegeben und die Inhaltsvermittlung ist nicht abgeschlossen; schließlich können digitale Texte immer weiter fortgesetzt und rückwirkend geändert werden. Diese Vermischtheit zeigt sich auch in der Kombination von Information und Unterhaltung in sozialen Netzwerken sowie von Mündlichkeit und Schriftlichkeit oder Poetischem und Praktischem, wie dies beispielsweise in der Werbung der Fall sein kann.

Leser:innen bestimmen den Lesepfad selbst, wobei es besonders wichtig ist, einen Überblick bzw. eine Orientierung im Netz aus multiplen Quellen zu behalten: Der Verweistext wird, ähnlich den Fußnoten in einem analogen Text, von Links begleitet. Im Gegensatz zu den Fußnoten, die über den Text hinaus-, dann jedoch wieder auf ihn zurückweisen, garantieren die Links keine zwingende Rückkehr zum Ausgangstext. Die lesende Person muss die Lektüre nicht real abbrechen (wie beim analogen Text), sondern durch das Anklicken anderer Verlinkungen wird die Lektüre „aufgelöst“. Gleichzeitig ordnet sich der Hypertext nicht mehr traditionell über Fußnoten anderen Texten zu, sondern verweist mittels weiterführender Links auf zusätzliche Hypertexte. Dies erschwert einen Gesamtüberblick deutlich (vgl. Wanning 2017: 915).

Eine weitere Besonderheit von digitalen Texten ist ihre Zersplitterung: Texte werden von anderen Texten begleitet oder unterbrochen, die mit ihnen in keinem Zusammenhang stehen müssen. Daher sind andere Rezeptionsweisen notwendig. Die Rezeption kann sowohl nacheinander als auch miteinander verlaufen und die Reihenfolge im Lektürevorgang wird anhand der Montageteile bestimmt, was zu einer individuellen Leseerfahrung führt (vgl. Doelker 1999: 63). Beeinträchtigt wird dies durch die potenzielle Unabgeschlossenheit von digitalen Texten, da diese stetig verändert werden können oder auch von heute auf morgen nicht mehr zugänglich sind.

Ein wichtiger Aspekt bei der Wahl und Lektüre digitaler Texte, der jedoch selten in didaktischen Entscheidungen Berücksichtigung findet, ist die Genussfähigkeit von Medien. Groeben (2006: 160 f.) zufolge stellt diese den entscheidenden motivationalen Faktor für die Aufnahme und Aufrechterhaltung von Medienrezeptionen dar und schlägt sich in der Suche und Auswahl von beispielsweise Webseiten nieder. Insbesondere in Schulsettings wird die Bedeutung von Unterhaltung und Genuss zu wenig erkannt und es überwiegt eine Distanzhaltung zu Medien, die oft auf Kritik am Eskapismus beruht. Zielführender erscheint jedoch der konsequente Einbezug von Aspekten der Rezeptionsästhetik, um zu verstehen, wie digitale Texte auf ihre Nutzer:innen wirken und welchen

Einfluss diese Wirkung auf die Nutzung bzw. Rezeption hat. Besonders für Leser:innen mit einem negativen Selbstkonzept oder wenig bzw. negativer Leseerfahrung können digitale Lesemedien den Zugang zum Text erleichtern und zur Lektüre motivieren (vgl. Tveit & Mangen 2014).

In diesem Kontext kommt insbesondere dem Design von Webseiten und Anwendungen eine zentrale Rolle zu (siehe auch die Ergebnisse von Franke & Lachmund 2023): Wenn ein gutes Design über den Informations- und Aussagegehalt hinwegtäuschen kann, können – unabhängig von der Qualität oder Sicherheit – äußere Parameter darüber bestimmen, ob die Quelle rezipiert und dem Inhalt gefolgt wird. Um einer rein optischen Kriterien folgenden Art der Bewertung von digitalen Texten entgegenzuwirken, ist eine neue Facette der kritischen Rezeptionskompetenz vonnöten, die die Reflexion des eigenen Medienverhaltens ermöglicht (vgl. Lim & Toh 2020: 34f.). Denn fragt man die Schüler:innen selbst, so bevorzugen sie ein Arbeiten mit digitalen Medien, weshalb ihr Einsatz zur Motivation und Abwechslung in Erwägung gezogen werden sollte, allerdings muss gleichzeitig der Einfluss auf die Leseleistung und Textverarbeitung erkannt und abgewogen werden (vgl. Singer & Alexander 2017; auch Karolinska-Institut 2023: 4).

In Anbetracht der wachsenden Verbreitung von Fake News und Desinformation gewinnt zudem eine kritische Auseinandersetzung mit Texten und ihren Aussagen und Intentionen immer mehr an Bedeutung. Außerdem wird es im digitalen Raum zunehmend schwieriger, den Kontext von Texten zu erschließen, da sie nicht immer einen Rahmen haben, der ihre grundsätzliche Ausrichtung definiert. Lernende müssen sich mit Fragen befassen wie beispielsweise: Wer hat den jeweiligen Text (wann und wozu) verfasst? In welchen Zusammenhängen bewegen sich die Verfasser:innen? Welche Intentionen verfolgt der Text? Wie seriös und faktenorientiert sind die im Text enthaltenen Informationen? In welchem Kontext ist der Text veröffentlicht worden? Und welche Rolle spielte der Einsatz künstlicher Intelligenz hierbei?

Die Fähigkeit, vermeintliche von tatsächlichen Fake News zu unterscheiden und Ansätze zur Desinformation schnell erfassen zu können, ist zu einer Schlüsselkompetenz geworden. Dazu gehören auch die Einbeziehung überprüfbarer Informationen und eine kritische Bewertung der Quellen, um eine fundierte Meinungsbildung zu ermöglichen. Insgesamt ist die Fähigkeit, den Kontext eines Textes zu erschließen und ihn kritisch zu hinterfragen, entscheidend für ein angemessenes Verständnis und eine adäquate Interpretation von Texten; so auch im Fremdsprachenunterricht (vgl. Kräling 2021; auch Frederking & Krommer 2019). Inwiefern durch die Eigenschaften digitaler Texte die Leseprozesse und angewendeten Lesestile bei der Rezeption bestimmt werden, wird im Folgenden näher betrachtet.

3.2 Digitale Texte lesen

> I'm not thinking the way I used to think. I feel it most strongly when I'm reading. I used to find it easy to immerse myself in a book or a lengthy article. My mind would get caught up in the twists of the narrative or the turns of the argument, and I'd spend hours strolling through long stretches of prose. That's rarely the case anymore. Now my concentration starts to drift after an age or two. I get fidgety, lose the thread, and begin looking for something else to do. I feel like I'm always dragging my wayward brain back to the text. The deep reading that used to come naturally has become a struggle.
>
> (Carr 2010)

Wie bereits in Kapitel 3.1 beschrieben, bestehen Prinzipien digitaler Texte insbesondere in der Hypertextualität, der

Nichtlinearität und der Interaktivität (vgl. Hille 2020: 117). Im Netz aus multiplen Texten, die über Hyperlinks potenziell zur Verfügung stehen, bestimmen die Lesenden ihren Lesepfad[4] selbst: Mit einem Klick gelangen sie von Bildern zu Filmen, Videoclips, Memes usw., wodurch die Lektürepfade ausdifferenziert und unterschiedliche Bedeutungskonstruktionen geradezu herausgefordert werden. Was einerseits den Zugang zu einer Vielzahl an Quellen zulässt, erschwert andererseits die Orientierung, denn so besteht die Gefahr, sich in der Fülle der Informationen zu verlieren und dadurch vor allem den (fremdsprachlichen) Leseprozess abzubrechen. Die sprachliche Komplexität zumeist nicht-didaktisierter Inhalte, denen man im digitalen Raum begegnet, stellt hierbei eine besondere Herausforderung für das fremdsprachliche Lesen dar, denn je mehr sprachliche Phänomene von den Lesenden nicht auf den ersten Blick erkannt werden können (ergo je höher die sprachliche Komplexität eines Textes ist), desto mehr verfallen sie dem „Wort-für-Wort"-Lesen (Nieweler 2017a: 122). Sprachlich kompetente und geübte Leser:innen wiederum springen mittels kurzen Augenbewegungen, den Sakkaden, von Wort zu Wort. Diese schnelle Verarbeitung wird durch direkte Worterkennungsprozesse unterstützt, ein umfassendes Verständnis hingegen ist ein Zusammenspiel aus metakognitiver Regulation und Selbstüberwachung, der Informationsbeurteilung und der gestützten Bedeutungskonstruktion (vgl. u. a. Philipp 2018: 112 f.; Cho 2014).

4 Laut Philipp (2018: 115) sind mit dem Ausdruck „Lesepfade" Wege durch, zwischen und in den Texten gemeint, wobei diese Pfade notwendigerweise durch aktives Handeln der lesenden Person zustande kommen.

3.2.1 Veränderte Lese- und Sehgewohnheiten

Nicht nur bedingt durch die Praxis der Hyperlinks haben sich die Lese- und Sehgewohnheiten sowie die Informationsaufnahme aufgrund der zunehmenden Nutzung digitaler Medien in den letzten Jahren erheblich verändert: Wie der im Zitat zu Beginn dieses Abschnitts reflektierte Transformationsprozess des Lesens (Carr 2010) zeigt, ist die Häufigkeit des oberflächlichen, fragmentarischen Lesens gestiegen, während das intensive, konzentrierte Lesen für ein tiefgreifendes Verständnis des Inhalts, mit dem Texteinzelheiten erfasst werden, abgenommen hat (vgl. Shibata & Omura 2020: 7). Dies ist gültig für das Lesen sowohl in der Erst- als auch in den Fremdsprachen.

Neben den bereits im Analogen festgestellten Lesestrategien wie „Skimming" und „Scanning" (vgl. Kapitel 2.2) zeichnen sich die digitalen Lesestrategien vor allem durch „Browsing" aus, bei dem innerhalb kurzer Zeit viele verschiedene Webseiten angeklickt werden, ohne ein spezifisches Ziel zu verfolgen, sowie durch kursorisches Querlesen ausgewählter Teile eines Textes zu Orientierungs- und Überblickszwecken. Besonders häufig werden das „Keyword Spotting" (die Suche nach Schlüsselwörtern), das nicht-lineare Lesen (d. h. das Hin- und Herspringen zwischen den Seiten über Links) und das einmalige Lesen (d. h., dass ein Text nur einmal und nicht wiederholt zum besseren Verständnis gelesen wird) beobachtet (Liu 2005: 700 f.). Dabei geht es weniger um das zielgerichtete Lesen eines ausgewählten Textes, der in der Gänze seiner kommunikativen Absicht erfasst wird. Shibata & Omura (2020: 122) sprechen in diesem Zusammenhang von *shallow reading*: Indem mehrere Texte parallel geöffnet, „angelesen" und Lektüren abgebrochen werden, muss der:die Leser:in durchgehend ein text- / dokumentenübergreifendes mentales Modell bilden und bei der Lektüre neuer Texte / Materialien aktualisieren, damit relativ viele Informationen einerseits intra-, andererseits intertextuell verstanden, verarbeitet, verknüpft, beurteilt, aktualisiert und ggf. verworfen werden können (vgl. Philipp 2018: 60).

Shibata & Omura (2020: 9) zitieren in diesem Zusammenhang eine Studie von Sparrow et al. aus dem Jahr 2011, in der der sogenannte *google effect* festgestellt wurde:

> people tend to reflexively rely on the Web instead of thinking when they are faced with difficult problems, and that when they find information on the Web, they tend to memorize how to search for that information again later instead of attempting to memorizing the information itself […].

Mit der Erkenntnis, dass sich Internet-User:innen den Weg stärker einprägen als die Information abzuspeichern, nach der sie gesucht haben, heißt dies auch, dass eine Information ggf. mehrfach recherchiert werden muss.

Darüber hinaus scheinen sich Leser:innen im Digitalen eher zu überschätzen (vgl. Delgado et al. 2018: 23 f.; Stavanger Declaration 2019: 1); sie versuchen, die Tiefe und Qualität der Verarbeitung durch eine erhöhte Masse an Informationen zu kompensieren, die gescannt wird. Dieses Verhalten äußert sich durch schnelles scrollen und paralleles Bearbeiten von im Browser geöffneten Tabs, was die kognitive Beanspruchung vom Lesen ablenkt (vgl. Lim & Toh 2020: 29 mit Referenz auf Proaps & Bliss 2014 sowie Wästlund, Norlander & Archer 2008). Es scheint einigen Lernenden demnach schwer zu fallen, flexibel die Lesestrategien zu wechseln und gezielt einzusetzen, um in ein detailliertes, mehrfaches und somit vertieftes Lesen zu kommen (vgl. Shibata & Omura 2020: 7).

3.2.2 Fokussierung der Konzentration und Aufmerksamkeit beim digitalen Lesen

Der Lese- und somit auch der Informationsverarbeitungsprozess unterliegt im digitalen Raum ganz besonders Schwankungen von Konzentration und Aufmerksamkeit. In einer Studienübersicht von Leow (2019) konnte die Wichtigkeit von Aufmerksamkeit (*attention*), Wahrnehmung (*awareness*) und Prozessierungstiefe (*level of processing*) auf die beim Lesen ablaufenden kognitiven Prozesse nochmals herausgestellt werden (siehe hierzu auch Rindlisbacher 2021: 60f.), die im Digitalen besonders herausgefordert werden.

Nicht nur die Texteigenschaften der Hypertexte können den Lesefluss stören, sondern auch die Rezeption auf einem Bildschirm per se. In mehreren Vergleichsstudien zwischen dem Lesen auf Papier und jenem am Bildschirm von Shibata et al. (2010 und 2016) konnte festgestellt werden, dass besonders der fehlende Überblick, das augenunfreundliche Flächengefühl und das ständige Sich-Orientieren-müssen mit Scrolling und Hyperlinks zu einem veränderten Lesen führen:

> [...] concentration, ease of understanding, and ease of remembering content were evaluated as being higher for paper than for computer displays. (Shibata & Omura 2020: 28)

Jener „Bildschirm-Unterlegenheitseffekt" (*screen inferiority effect*, Delgado et al. 2018: 34) äußert sich im Vergleich zum Lesen auf Papier zusätzlich aufgrund der erhöhten Lesegeschwindigkeit – die sich u. a. im oft ziellosen Auf- und Abscrollen zeigt – und diverser Ablenkungsmöglichkeiten. Diese führen zu einer geringeren kognitiven Verarbeitung und einem schlechteren Memorisieren der Inhalte, da im Digitalen Strategien benötigt werden, die über das Analoge hinausgehen (vgl. Liu 2005; auch Baron 2015).

Die Ablenkungsmöglichkeiten, die den Leseprozess stören können, sind vielfältig: neben externen Ablenkungsmöglichkeiten (z. B. wenn die Lernenden im Klassenraum von den Tablets oder Computern ihrer Mitschüler:innen abgelenkt sind, vgl. Karolinska-Institut 2023: 4) oder der Versuchung, einem Multitasking (v. a. in der Kombination von Computer und Smartphone) nachzugehen, gibt es vor allem zahlreiche interne virtuelle Ablenkungsmöglichkeiten. Darunter sind u. a. (audio-)visuelles ‚Aufploppen', Blinken von Elementen, unwillkürliches Bewegen und Switchen, das parallele Arbeiten in verschiedenen Tabs oder Dokumenten, zwischen denen gewechselt wird, farblich unterlegte Hyperlinks, die es anzuklicken gilt, Einbezug von Videoelementen und ganz besonders personalisierte Werbung zu zählen (vgl. Shibata & Omura 2020: 31; 113; 121). Zusammengefasst sind es jene Stimuli, die sich auf die Aufmerksamkeitssteuerung auswirken und die Orientierung im Text beeinträchtigen können:

> [...] visual stimuli that disrupted the user's ability to concentrate on the act of reading. For example, readers may be distracted by the blinking of a cursor, the background screen, icons, gadgets, menus, toolbars etc. We named this factor disturbance of concentration. (ebd. 31).

Weiterhin gibt es auch parallel ablaufende Operationen im Hintergrund, die oft nichts mit dem Lesetext zu tun haben. Mit jedem farblich anders unterlegten Hyperlink muss das Gehirn entscheiden, ob die Information relevant ist, wodurch der Lesefluss, der sogenannte „ease of immersion" (ebd. 112), gestört wird. Das Kurzzeitgedächtnis wird unterbrochen, sobald nach dem Lesen des Hyperlink-Textes wieder zum Haupttext zurücknavigiert wird. So muss ein Satz oder Absatz noch einmal gelesen werden, was Zeit und Aufmerksamkeit kostet. Außerdem besteht die Gefahr, sich nach einem Hyperlink auf den nächsten zu stürzen oder diesen bewusst aufzusuchen (es nicht zu müssen, sondern zu wollen, um eine Information zu erhalten), weil schnell noch mehr Informationen benötigt werden (vgl. Baron 2015: 120). Dies kann mit einem ständigen Wechsel zu anderen Seiten potenziell zu einem *cyberwandering* (vgl. Thirunarayanan 2003) führen. Wie der Begriff indiziert, ‚verlaufen' sich die Lernenden im digitalen Leseraum, wenn sie wahllos Hyperlinks folgen und neue Seiten sichten. Gerade das Nachschlagen in Online-Wörterbüchern, das für das Verständnis eines fremdsprachlichen Lesetextes eine große Hilfe ist, kann potenziell den Lesefluss unterbrechen, was genauso für das Textverstehen hinderlich ist. Das Kopieren ganzer Textteile in flächige Übersetzungsprogramme ist hier ebenso einzuschätzen, da im Sprachenwechsel mit jeder neuen Kombination unterschiedlicher Textteile die kognitive Verarbeitung herausgefordert ist, wodurch sich gleichermaßen die Notwendigkeit erhöht, schnell weitere Informationen zu scannen.

Auch konnten Shibata & Omura (2010) feststellen, dass sprachliche Fehler schwieriger an einem Bildschirm aufzufinden sind, da sie aufgrund des schnelleren Lesens eher ‚überlesen' werden. Diese Erkenntnis besitzt im Kontext von Fremdsprachenunterricht vor allem zur Einordnung einer verlässlichen und seriösen Quelle eine besondere Brisanz, ist es doch unabdingbar, den Lernenden korrekte Inhalte und (Modell-)Sprache anzubieten:

> [...] many people responded that they could detect typographical errors or badly flowing text more easily when reading paper documents, that they could read faster with paper, and that they felt less eye strain with paper. (Shibata & Omura 2020: 28)

Es gilt demnach, einen Überblick zu behalten – und diesen während des Lese- und Rechercheprozesses zu erhalten – und die „disturbance of concentration" möglichst gering zu halten, die maßgeblich dafür verantwortlich ist, eine vertiefte und konzentrierte Lektüre zu stören und so die Behaltensleistung zu verringern (ebd. 112).

Lernende können auf unendlich viele, häufig frei zugängliche digitale Ressourcen zugreifen, jedoch sind diese ggf. nicht-didaktisiert und nicht an das individuelle Sprachniveau angepasst. Mit dem fast unerschöpflichen Angebot fremdsprachlicher Quellen rücken ein relevanzbasiertes Lesen multipler Quellen (vgl. Philipp 2018) und effiziente Rechercheprozesse unter Abwägung des kognitiven Energieeinsatzes in den Vordergrund. Was in schulischen Settings den Lernenden an Orientierungs-, Ordnungs- und Strukturierungsarbeit abgenommen wird – indem Materialien zum Einsatz kommen, die inhaltlich organisiert, vollständig, sprachlich korrekt, sinnvoll verdichtet, explizit und zumeist textsortenspezifisch und ablenkungsarm sind – muss im digitalen authentischen Raum – zwischen Unterhaltung, Wissensvermittlung, Kommunikation und Werbung – von den Lernenden selbst übernommen werden (vgl. Rosebrock 2020: 4; siehe Kapitel 4.1 zu digitalen Textsorten). In diesem Spannungsfeld muss Schule die Balance zwischen Instruktion und Autonomieförderung anhand der Eigenschaften der Digitalität finden. Demnach sind der Einsatz von Hilfsmitteln und die Vermittlung von Strategiewissen von großer Bedeutung.

3.2.3 Einsatz von Lese- und Textverarbeitungsstrategien und Hilfsmitteln

Um einer Vermeidung der Lektüre in der Fremdsprache entgegenzuwirken und um ein fremdsprachliches Leseverstehen auch im digitalen Raum zu ermöglichen, bedarf es sowohl geeigneter allgemeiner und fremdsprachenspezifischer Lesestrategien, des Einsatzes von Hilfsmitteln (z. B. Wörterbücher oder Übersetzungsprogramme) sowie Strategien zur Steuerung und Kontrolle der Aufmerksamkeit als auch der

Textverarbeitung (z. B. Stichworte machen). Vor allem im Kontext des Anfangsunterrichts in der Fremdsprache werden geübte Lesende zu schwachen Leser:innen und sie „sind gezwungen, Strategien schwacher Lesender einzusetzen" (Lutjeharms 2007: 112). Diese umfassen beispielsweise „erwartungsgeleitete Strategien, wie Raten bzw. Inferieren, oder [...] Vermeidungsstrategien, wie das Übergehen schwieriger Textstellen" (ebd.).

Allgemeine Lesestrategien bezeichnen „mentale Handlungsfolgen, die gezielt und adaptiv eingesetzt werden, um Textverstehen zu erreichen" (Rosebrock 2018: 19). Mittels einzelner mentaler Schritte – wie z. B. einen Zusammenhang herstellen, bereits Gelesenes noch einmal überprüfen, sich einen Begriff erklären – müssen Lesestrategien ausgewählt und Schritte zielbewusst kombiniert und koordiniert werden. Laut Rosebrock (ebd.) benötigt es für diese strategische Arbeit auch Metakognition. In mehrsprachigen Umgebungen, die charakteristisch für den digitalen Raum sind (z. B. soziale Netzwerke), sind vor allem Lesestrategien zu favorisieren, die mit einer Aufmerksamkeitssteuerung zu einer verlangsamten Lektüre führen, um auf inter- bzw. intralinguale Transfers in den Bereichen Phonologie, Orthografie und Morphologie Wert zu legen (vgl. ebd. 12).

Beim digitalen Lesen wird der Einsatz von Übersetzungs-Apps, wie Google Translate oder DeepL, immer beliebter, da sie nicht nur die unhandlichen analogen Wörterbücher ersetzen, sondern sich ein softwaregestütztes Lernen auf viele Schüler:innen motivierend auswirken kann und das Selbstvertrauen gestärkt wird (vgl. Udry & Berthele 2023a: 155 f.). Zwar verbessert sich die Qualität der Programme zunehmend, die für immer mehr Sprachen zur Verfügung stehen, allerdings wurde bisher nicht eindeutig empirisch belegt, dass Übersetzungstools das Sprachenlernen – und für den vorliegenden Band besonders relevant – das fremdsprachliche Lesen begünstigen (vgl. ebd. 146). Bei Lee (2020) gibt es hingegen Hinweise, dass digitale Übersetzungsprogramme zum Aufbau von metalinguistischem Wissen beitragen und zu besseren Ergebnissen im fremdsprachlichen Schreiben führen. Lidström (2019: 19f.; 22) hat in Erhebungen mit schwedischen Lehrkräften der Sekundarstufe I und II zeigen können, dass Schüler:innen Schwierigkeiten beim kritischen Deuten der Ergebnisse haben und auch sehr einfache, ihnen bekannte Wörter übersetzen lassen, worin die Lehrkräfte fehlendes Vertrauen in die eigenen sprachlichen Fähigkeiten vermuten (vgl. auch Perrin et al. 2021: 121).

Der kompetente Umgang mit digitalen Wörterbüchern, der in einer Wort- statt Satzsuche liegt und einen flächendeckenden Einsatz von Übersetzungsprogrammen meidet, mit denen das anvisierte fremdsprachliche Lesen umgangen werden kann[5], muss hierbei trainiert werden (siehe hierzu ausführlich die Implikationen für den Unterricht, Kapitel 4.2.3).

Textverarbeitungsstrategien erfolgen im digitalen Raum anders als im analogen und sollten vor allem im Fremdsprachenunterricht gezielt geschult werden (vgl. Subrahmanyam et al. 2013; Tran et al. 2013); so können Webseiten kaum digital ‚unterstrichen' oder Kommentare als Gedächtnisstütze am Rand verfasst werden. Es bedarf hier bei konventionellen, frei zugänglichen Quellen einer parallelen Verschriftlichung, hybrid oder digital in Form von Notizen (dabei sind Visualisierungen zu nutzen: Farben, Symbole etc.), die volitional eigenständig geführt werden (vgl. Punkt 4.2.3).

Um die im Analogen gelernten Textverarbeitungsstrategien, wie das Annotieren, das Zusammenfassen und Paraphrasieren, auf virtuelle Umgebungen übertragen zu können,

---

5 Bzw. sollte die Notwendigkeit trainiert werden, die Übersetzung mit dem Original kritisch abzugleichen, auch um ggf. von der Übersetzung etwas über die Fremdsprache zu lernen.

müssen Lernende diese zunächst hinsichtlich ihrer Eignung im Digitalen reflektieren und überprüfen, um anschließend die je nach Textsorte und Anwendung variierenden gegebenen Möglichkeiten der Informationsspeicherung und -verarbeitung auszuloten: Beispielsweise ermöglichen Social Media-Seiten Merkfunktionen, die je nach Anwendung auch unterschiedliche Ordnerfunktionen aufweisen; bei Webseiten kann mit der Lesezeichenfunktion oder Screenshots gearbeitet werden.

Zukünftig wird es immer wichtiger werden, kompetent mit digitalen Annotationstools umzugehen, die bei der Textverarbeitung und Organisation von Informationen unterstützen. Mit diesen kann man Kommentare zu / in Webseiten verfassen, die nur für den:die Leser:in sichtbar sind, Bildschirmaufnahmen vornehmen und in Bibliotheken abspeichern oder Webseiteninhalte in andere Anwendungen integrieren, die beispielsweise *instant-messaging*-Dienste oder Chats bereitstellen. Somit wird auch das kollaborative Arbeiten, eine der wichtigsten *21st century*-Fähigkeiten, gefördert und strukturiert.

3.2.4 Multimodale semiotische Bewusstheit

Wie bereits unter 3.1 beschrieben, sind digitale Quellen hochkomplexe Gebilde, die Ton, statisches und bewegliches Bild und Schrift kombinieren können. Nachdem anschließend die veränderten Lese- und Sehgewohnheiten des digitalen Raums erörtert wurden, gilt es nun die Notwendigkeit der Förderung einer multimodalen semiotischen Bewusstheit (*multimodal semiotic awareness*, Lim & Toh 2020: 33 f.) herauszustellen, die besonders für das Lesen von Social-Media-Beiträgen wichtig ist. Eine multimodale semiotische Bewusstheit wird benötigt, um zu verstehen, wie digitale Texte auf ihre Nutzer:innen wirken, wie im Zusammenspiel von multimodalen Elementen und der Kombination und Interaktion von *modes* Bedeutung konstruiert wird und welchen Einfluss diese Wirkung auf die Nutzung bzw. Rezeption hat – auch um Ablenkung zu vermeiden. Kress (2014: 0) definiert *mode* in diesem Zusammenhang als:

> […] a socially shaped and culturally given resource for making meaning. Image, writing, layout, speech, moving image, soundtrack are examples of modes used in representation and communication.

Beim Lesen und / oder Verfassen multimodaler digitaler Texte müssen die Lernenden zunächst die Gestaltungsmerkmale digitaler Texte kennen, wie z. B. ihr Layout und ihre Zusammensetzung. Bild, Text, ggf. Ton müssen in eine Beziehung zueinander gesetzt und im Sinne semiotischer Modi miteinander kombiniert werden, um die für das Publikum intendierte Botschaft zu ermitteln (vgl. z. B. Höfler 2020a). *Multimodal semiotic awareness* hat zum Ziel, die Bedeutung hinter den strategischen Designentscheidungen zu erkennen, die durch die verschiedenen Arrangements getroffen werden und zu verstehen, wie sie zusammenwirken, um eine kohärente Botschaft zu schaffen. Hierzu gehört auch der kritische Umgang mit Gestaltungsmerkmalen und wie diese eingesetzt werden, um ein Publikum zu überzeugen (Stichwort: Fake News). Da beim digitalen Lesen sozialer Netzwerke innerhalb von Sekunden entschieden wird, was überflogen, was selektiv bzw. intensiv gelesen und was gänzlich ignoriert wird, muss nicht nur die Aufmerksamkeit auf den Text gesteuert, sondern auch der Lesefluss verlangsamt und an ausgewählten Stellen intensiviert werden, wobei Störfaktoren ausgeblendet bzw. minimiert werden müssen (vgl. u. a. Shibata & Omura 2020: 7; Baron 2015: 120). Im Fremdsprachenunterricht muss dies zusätzlich zur sprachlichen Gestaltung, die es zu dekodieren gilt, Berücksichtigung finden, da vor allem ein Zugang über *modes* eine sprachliche Überbrückung zu komplexen authentischen Inhalten sein kann; denn:

> [...] die Bedeutungen eines Textes sind nicht nur aus dem sprachlichen Material, sondern auch aus anderen Modes zu erfassen, da Lesen und Schreiben eines Textes immer mit Formen multimodaler Gestaltung und Design, mit Kontexten und Ko-Texten verbunden ist. (Kerschhofer-Puhalo 2018: 175)

In Anbetracht dessen ist es von entscheidender Bedeutung, ein breites Spektrum an literalen Praktiken zu vermitteln. Durch diese Praktiken sollen Lernende dazu befähigt werden, ein Verständnis dafür zu entwickeln, wie Texte mit sozialen Ereignissen und Strukturen verwoben sind, wie sie interpretiert und gehandhabt werden, welche Kontexte, Ko-Texte und Konventionen sie beeinflussen und welches Potenzial für Handlung und Bedeutung verschiedene Optionen multimodaler Textgestaltung innehaben (ebd.). Die Betrachtung, Lektüre, Interpretation und Verknüpfung von Texten führen zu einer kreativen Neuschöpfung des Textes und seiner Bedeutung (vgl. auch Dannecker & Kónya-Jobs 2021: 3 mit Bezug auf Medienkonvergenz und Symmedialität).

4. Arbeit mit digitalen Texten im Fremdsprachenunterricht

Basierend auf den formulierten theoretischen Überlegungen werden im Folgenden verschiedene Textsorten hinsichtlich ihrer Eignung zur Förderung des digitalen Lesens diskutiert (Abschnitt 4.1) und anhand ausgewählter Beispiele Vorschläge für den didaktisch-methodischen Einsatz im Unterricht präsentiert (Abschnitt 4.2). Dabei werden insbesondere auch niedrige Lernjahre mit einbezogen, da u. E. die digitale Lesekompetenz von Anfang an integriert und progressiv aufgebaut werden muss, um den oben skizzierten Herausforderungen zu begegnen und den Anforderungen der aktualisierten Bildungsstandards (KMK 2023) gerecht zu werden.

4.1 Überblick digitaler Textsorten zur fremdsprachlichen Lesekompetenzförderung

Die Förderung des digitalen Lesens erfordert eine differenzierte Auswahl an Textsorten, die den Lernenden einen breiten Einblick in verschiedene digitale Medienformate ermöglichen, um *multiliteracies* bzw. *multimodal semiotic awareness* zu trainieren. Durch die Auseinandersetzung mit unterschiedlichen Formen der digitalen Kommunikation entwickeln die Lernenden nicht nur ihre sprachlichen Fertigkeiten weiter, sondern erlangen auch ein tieferes Verständnis für die Vielfalt und Komplexität der digitalen Welt, in der sie mit unterschiedlichen Sprachregistern, Stilformen und Kommunikationsweisen konfrontiert sind. Zu den möglichen Textsorten denen sie begegnen, zählen u. a. digital vorliegende Artikel (inklusive Kommentarfunktion), Blogposts und Vlogs, Social-Media-Beiträge und Chats, E-Books, Online-Nachrichten, Podcasts und interaktive Online-Inhalte. Wie im Analogen können diese grundlegend in die Kategorien nicht-literarische (4.1.1) und literarische Texte (4.1.2) unterteilt werden.[6] Der digitale Raum bietet zudem beispielsweise mit Social Media jene Plattformen, auf denen Texte beider Kategorien zu finden sind – der Fokus liegt hier in der Regel auf der kommunikativen Auseinandersetzung mit dem Gelesenen (4.1.3).

Im Folgenden werden ausgewählte, digitale Textsorten vorgestellt und sowohl Herausforderungen als auch Potenziale für den Einsatz im Fremdsprachenunterricht skizziert, wobei die Abgrenzungen nicht als trennscharf zu verstehen sind und im dynamischen digitalen Transformationsprozess sowohl hybride Formen als auch etwaige Neuschöpfungen zu berücksichtigen sind.

---

6 Eine allgemein akzeptierte Definition von (digitalen) Textsorten liegt bisher nicht vor. Brinker, Cölfen & Pappert (2014: 13) stellen zudem die Möglichkeit der Festlegung eines allgemein gültigen Textbegriffs in Frage. In Anlehnung an Adamzik (2019: 144) gehen wir von einer Unterteilung in nicht-literarische (Kapitel 4.1.1) und literarische Texte (Kapitel 4.1.2) aus. Mit Brinker, Cölfen & Pappert (2014) verstehen wir unter nicht-literarischen Texten solche, die eine Informations-, Appell-, Obligations-, Kontakt- oder Deklarationsfunktion (vgl. im vorliegenden Band 4.2.2) innehaben. Die hier vorgenommene Unterteilung muss in Hinblick auf die im Digitalen stetig stattfindenden Veränderungen als dynamisch verstanden werden.

4.1.1 Digitale nicht-literarische Texte

Digitale Sach- und Gebrauchstexte umfassen eine Vielzahl an schriftlichen Materialien, die online verfügbar sind und primär informierenden oder instruktiven Charakter haben. Sie dienen dazu, Wissen zu vermitteln, Informationen zu liefern bzw. zu erklären oder bestimmte Handlungsanweisungen zu geben. Zu den Formaten digitaler nicht-literarischer Texte gehören Artikel, Anleitungen, (Wetter-)Berichte, Speisekarten und Kochrezepte, Nachrichten, Vlogs / Blogs[7], technische Dokumentationen, Produktbeschreibungen, Benutzer:innenhandbücher, wissenschaftliche Arbeiten, Vergleichsportale (inklusive Werbeanzeigen und Rezensionen), Forenbeiträge und mehr (vgl. Nieweler 2017b: 217). Häufig sind sie auf Webseiten zu finden und decken eine breite Palette von Themen ab, darunter Wissenschaft, Technologie, Wirtschaft, Politik, Gesundheit, Bildung, Lifestyle und Unterhaltung. Digitale Sach- und Gebrauchstexte zeichnen sich oft durch ihre Aktualität, ihre leichte Zugänglichkeit und ihre Anpassungsfähigkeit an verschiedene Zielgruppen aus. Darüber hinaus können sie von einer multimedialen Anreicherung mit Bildern, Videos oder interaktiven Grafiken charakterisiert sein. Zudem verfügen sie über die klassischen Merkmale von Webseiten, wie beispielsweise Hyperlinks und Menüleisten (vgl. Franke & Lachmund 2023: 22[8]). Die auf vielen Webseiten gegebene Möglichkeit, die Sprache umzustellen, kann dabei zwar den unmittelbaren Zugang zu gesuchten Informationen erlauben, aber gleichzeitig auch eine Gefahr für die – in der

---

7 Blogs können ebenfalls literarischer Natur sein, werden aber häufig auch im Kontext von Sach- und Gebrauchstexten verwendet, wie beispielsweise Reise- oder Kochblogs. Zu Literaturvermittlung durch Blogs und Vlogs vgl. Höfler (2020b).

8 Eine ausführliche Beschreibung der Struktur zweier Webseiten findet sich bei Wilke (2022: 146–161).

Schule anvisierte – Förderung des fremdsprachlichen Lesens darstellen.

Mit der schier endlosen Verfügbarkeit steht den Lernenden eine Vielzahl von Themen und Inhalten zur Wahl, die somit ermöglichen, Leseinteressen zu diversifizieren und spezifische Fachgebiete zu erkunden, wodurch auch die Lesefreude stimuliert wird. Die Verwendung von Fachbegriffen oder bestimmter Terminologie, die möglicherweise nicht sofort verständlich ist und zusätzlichen Recherchebedarf erfordert, stellt hingegen eine Herausforderung für Lernende dar (vgl. Grünewald 2017: 166 f.). Darüber hinaus kann die Beurteilung der Glaubwürdigkeit und Zuverlässigkeit von Quellen zu Schwierigkeiten führen, insbesondere wenn es sich um Online-Plattformen handelt, auf denen die Qualität der Inhalte variieren kann oder sprachliche Fehler enthalten sind, die die Lernenden – insbesondere im Digitalen – nicht so leicht erkennen können (vgl. Punkt 3.2.2). Die Länge und Komplexität einiger digitaler Sach- und Gebrauchstexte können ebenfalls eine Hürde darstellen, da in Hinblick auf die Aufmerksamkeitsspanne und die Ablenkungsmechanismen, wie sie die digitalen Lesegewohnheiten mit sich bringen, globale und suchende, ergo schnelle, Lesestile dominieren (vgl. Liu 2005). Dieser Aspekt muss bei der Wahl eines Lesetextes und dessen Lese- oder Rechercheauftrags Berücksichtigung finden.

4.1.2 Digitale literarische Texte

Eine Klassifizierung digitaler literarischer Texte ist schwer umsetzbar (vgl. Wengler 2023b: 2). Wir definieren digitale literarische Texte mit Simanowski (2007) als Literatur, die im digitalen Raum entsteht und auf Intermedialität und Interaktivität beruht. Diese umfassen lyrische und narrative Inhalte, die digitale Medien nutzen, um visuelle oder klangliche Effekte zu erzeugen (vgl. Hermann & Horstkotte 2016:

209). Durch die Verwendung von Animationen, Soundeffekten, interaktiven Elementen und typografischen Experimenten bieten diese Textsorten ein innovatives Lernumfeld, um sprachliche Fertigkeiten in einer authentischen digitalen Umgebung weiterzuentwickeln.

Zu den Vorteilen dieser Webinhalte gehört die Vielfalt der verfügbaren Medienplattformen, auf denen Netzliteratur präsentiert wird, darunter Webseiten, soziale Medien (siehe Abschnitt 4.1.3), Videospiele, VR / AR-Anwendungen und Podcasts. Eingebettet in verschiedene Formate und Kontexte können so gleichzeitig das Verständnis für kulturelle Vielfalt und die Anwendung der Sprache in realen Situationen gefördert werden. Durch die Verwendung von Multimedia-Elementen kann Netzliteratur das Leseerlebnis ganzheitlich bereichern und das Interesse der Lernenden wecken, aber vor allem das Verständnis vertiefen und das Engagement der Lernenden erhöhen (gezielte Förderung der Text- und Medienkompetenz, vgl. Höfler 2020a).

Jedoch können bestimmte Aspekte von Netzliteratur auch Herausforderungen für Fremdsprachenlernende darstellen. Die nicht-lineare Struktur vieler netzbasierter Geschichten (vgl. z. B. Wilke 2022: 140) kann Leser:innen v. a. in der Fremdsprache vor Herausforderungen stellen, da sie nicht immer einen klaren Handlungsverlauf oder eine chronologische Abfolge von Ereignissen aufweisen. Darüber hinaus erfordert die Integration von Multimedia-Elementen und die Navigation zwischen verschiedenen Medienformaten eine gewisse technische Kompetenz, die für einige Lernende möglicherweise eine zusätzliche Hürde darstellen. Auch sprachliche und kulturelle Nuancen, die in Netzliteratur – hier insbesondere poetischen Formaten – verwendet werden, können für Fremdsprachenlernende mit begrenzter Erfahrung in der Zielsprache schwer zu verstehen sein. Die Verwendung von umgangssprachlichen Ausdrücken, Slang und kulturellen Referenzen kann zu Missverständnissen führen und das Sprachverständnis zusätzlich erschweren. Die ständige Verfügbarkeit von Ablenkungen und die Fülle an Informationen auf netzbasierten Plattformen erhöhen die Schwierigkeiten zusätzlich, sich auf den Lerninhalt zu konzentrieren und relevante sprachliche Merkmale zu identifizieren (vgl. Punkt 3.2 zu den Schwierigkeiten des Wechsels in ein *deep reading*).

Eine aus fremdsprachendidaktischer Sicht besonders interessante digitale literarische Textsorte stellen interaktive Geschichten dar. Sie nehmen verschiedene Formen an, darunter *textadventures*, interaktive Comics oder hypertextuelle Erzählungen. Diese Textsorten ermöglichen es den Leser:innen, den Verlauf der Handlung aktiv zu beeinflussen, indem sie Entscheidungen treffen oder mit dem Text interagieren (vgl. Cleger 2015: 267 f.). Diese Form der Lektüre fördert die Lesekompetenz in besonderer Weise, wenn Lernende ihre Hypothese(n) überprüfen und mittels integrierter Rückmeldung (z. B. auch zusätzliche Informationen) ihren Output modifizieren (vgl. Rindlisbacher 2021: 62). Die Rückmeldung kann entweder durch eine andere Person oder im Rahmen der interaktiven Geschichten selbstständig erfolgen durch weiteren Input dank Inferenzziehung (ebd.; vgl. auch Wengler 2023b: 3). Der interaktive Charakter spricht die kreative Problemlösefähigkeit der Schüler:innen an, wodurch sich das Engagement und die Motivation bzw. die Leselust der Lernenden, die sich stärker in den Lernprozess einbringen und so möglicherweise eine persönliche Verbindung zur Geschichte und den Inhalten herstellen, erhöhen kann.

4.1.3 Sonderfall: Social-Media-Beiträge und *instant-messages*

Social-Media-Beiträge und *instant-messages* repräsentieren kurze Formate, die auf Plattformen, wie Facebook, Twitter (jetzt X), TikTok, Threads oder Instagram, mit der Öffentlichkeit geteilt werden. Inhaltlich betrachtet können sie sowohl informativer (z. B. Nachrichten) als auch literarischer Natur (z. B. Instapoesie) sein, weshalb sie als Mischform zu betrachten sind, da prinzipiell „Informationen aller Art mithilfe der digital vernetzten Medien anderen zugänglich zu machen“ sind (Taddicken & Schmidt 2017: 4). Hierbei stehen jedoch insbesondere Beziehungsaufbau und -pflege im Mittelpunkt. Je nach Plattform[9] sind Social-Media-Texte oft visuell ansprechend gestaltet und laden durch ihre Kürze, altersangemessene Sprache und Direktheit zur Interaktion ein (Stichwort: *participatory web*, Beer 2009). Daher bieten sie sich vor allem für den Einsatz im Anfangsunterricht an. Die Verwendung von Hashtags, Emojis und anderen Symbolen prägt ihren Charakter und bietet zugleich Anknüpfungspunkte für sprachliche Analysen und Diskussionen im Unterricht (vgl. Lachmund 2024: 17f.; i. D.). Die Möglichkeit der direkten Kommunikation über Chat- und Messenger-Dienste erweitert zudem das Spektrum der sprachlichen und multimodalen Praxis (z. B. Einbezug von Bewegtbildern wie Gifs oder Memes).

Häufig über soziale Netzwerke geteilt und in diesen diskutiert werden Blogs (schriftbasiert) oder Vlogs (videobasiert), die zur Kategorie „Personal Publishing“ zu zählen sind[10]

---

9 Soziale Plattformen zeichnen sich zunehmend durch Differenzierung hinsichtlich ihrer Zielgruppen und Spezifizierung hinsichtlich ihrer Affordanzen aus. Allen gemein ist der Zugang über eine Registrierung (Konto) und eine Infrastruktur für Kommunikation: Profile und Inhalte erstellen, teilen, vernetzen und kommentieren sowie chatten. Darüber hinaus gibt es Diskussions- oder Empfehlungsplattformen, wie Yelp (vgl. Taddicken & Schmidt 2017: 10f.).

10 Hierzu gehören auch die Micro-Blogs, wie X, die sich besonders durch sprachliche Kürze und die Anordnung in einer *timeline*

(Taddicken & Schmidt 2017: 11; Höfler 2020b). Charakteristisch hierfür sind informative oder reflektierende Inhalte zu Literatur (vgl. Berg 2022: 6f.), Esskultur, Reiseerfahrungen etc., wodurch sie häufig den Stil von Online-Tagebüchern annehmen. Durch ihre oftmals informelle und persönliche Ausrichtung bieten sie eine vielseitige Grundlage für den Fremdsprachenunterricht: Interaktive Elemente wie Like- und Kommentarfunktionen ermöglichen eine unmittelbare Interaktion zwischen Autor:innen und Leser:innen, aber auch mit anderen Zielsprachensprecher:innen, was besonders motivationsfördernd sein kann (vgl. Erarslan 2019: 66); sowohl Blogs als auch Vlogs präsentieren die Zielsprache oft in ihrer natürlichen und altersangemessenen Form, wodurch Lernende in Kontakt mit realistischen, sprachlichen Situationen ihren Interessen entsprechend treten (vgl. bspw. Gonulal 2019). Vor allem Vlogs können durch Bild- und Videoelemente das Leseverstehen erleichtern und auch Lernenden niedrigerer Lernjahre so den Zugang zu digitalen Texten ermöglichen.

Häufig folgen Blogs und Vlogs keiner klaren Struktur, was zweifellos eine Herausforderung für Lernende darstellt. Die informelle Sprache sowie verschiedene Sprachstile, Dialekte und die in ihnen üblichen Abkürzungen können jedoch gerade für Fremdsprachenlernende anspruchsvoll sein, vor allem wenn es an Kontextwissen zur Einordnung eines Beitrags fehlt (vgl. Lim & Fussell 2017: 4f.); denn die Kürze und Fragmentierung können eine Kontextualisierung zusätzlich erschweren, sodass Lernende den Zusammenhang zwischen einzelnen Beiträgen oder Nachrichten nicht herzustellen vermögen bzw. den Gesamtinhalt kaum erfassen können.

---

auszeichnen, wodurch ein „personalisiertes Informationsradar" im Zuge des Folgens bestimmter Profile kreiert werden kann (Taddicken & Schmidt 2017: 12).

Social-Media-Beiträge und *instant-messages* sind zudem eine niedrigschwellige Möglichkeit, um *social reading* zu praktizieren und im geschützten Raum Schule zunächst interaktive Kommunikationsfähigkeiten zu erproben. Die Schüler:innen können beispielsweise – basierend auf einer guten Lesekompetenz – lernen, auf Beiträge zu reagieren, Kommentare zu hinterlassen und an Diskussionen teilzunehmen, was ihre kommunikativen Fähigkeiten verbessert (vgl. Brocca 2020).

Auf Planungsebene bringt der Einbezug von Social Media in den Unterricht folgende Besonderheiten mit sich: nicht nur ist die Innovationsgeschwindigkeit in diesem Bereich erhöht, was eine Migration von einer Plattform auf die nächste mit sich bringen mag (vgl. Taddicken & Schmidt 2017: 9); auch werden auf sozialen Netzwerken im Sekundentakt neue Inhalte hochgeladen und einem disparaten Publikum zugänglich gemacht. Durch die so erzeugte Schnelligkeit und Einmaligkeit der Informationen wird das Wiederauffinden eines Inhalts erschwert; ggf. ist ein Inhalt nur durch den im Hintergrund agierenden Algorithmus in den Feed des:er Nutzer:in geraten. Um die Beiträge festzuhalten, müssen diese (intern unter Merkfunktion oder via Screenshot) gespeichert werden. Besonders *stories*, die nur für einen begrenzten Zeitraum auf den Kanälen zur Verfügung stehen, verschwinden wieder. Auch werden Inhalte, je nach öffentlicher Reichweite und Diskussion, gelöscht oder neu arrangiert, was das Wiederauffinden eines Beitrags zusätzlich erschwert (vgl. Lachmund 2024: 20 f.).

4.2 Implikationen für den Fremdsprachenunterricht

4.2.1 Zielvorstellungen einer digitalen fremdsprachlichen Lesekompetenz

Digitale Lesekompetenz, wie wir sie verstehen, umfasst die Fähigkeit, multimodalen und multiplen Texten in der Fremdsprache in digitalen Umgebungen unter Einsatz der jeweils angemessenen Lesestrategie die dem Leseziel entsprechenden Informationen zu entnehmen, ohne dass der Lesefluss und die Aufmerksamkeit unterbrochen werden oder das Leseverstehen eingeschränkt wird. Dies schließt auch die Anwendung metakognitiver Kontrollstrategien ein, um Ablenkungen (z. B. durch das Öffnen vieler Tabs) und *cyberwandering* zu vermeiden (vgl. Thirunarayanan 2003). Somit müssen Aufmerksamkeitskontrolle eingeübt und Ablenkungsmechanismen in Abhängigkeit zum gesetzten Leseziel bewusst wahrgenommen werden (vgl. Wampfler 2017: 65). Um ein Wort-für-Wort-Lesen zu vermeiden, muss – wie im analogen Raum auch – zunächst basierend auf dem Leseauftrag ermittelt werden, welcher Lesestrategie es bedarf, wobei selektives und überfliegendes Lesen dominieren sollten.

Da im digitalen Raum selten eine ganze Webseite oder ein Social-Media-Post intensiv gelesen werden und stattdessen ein vernetzendes, non-lineares Lesen nötig ist, sollten auch Hyperlinks gezielt genutzt werden. Für eine zielgerichtete Bearbeitung einer Aufgabe bedarf es nicht nur der Kenntnis aller Optionen einer Plattform, Webseite oder Anwendung sowie der Fähigkeit, einen Überblick zu behalten. Um die für das Lösen der Aufgabe notwendigen Textteile zu ermitteln, müssen Lernende z. B. auch in der Lage sein, durch Fettdruck, Menüstruktur oder als Hyperlinks gekennzeichnete Schlüsselwörter zu dekodieren oder die webseiteninterne Such- und

Filterfunktion zu finden und anzuwenden (vgl. die Vorschläge vom ISB 2022). Aus dem Analogen bekannte Methoden zur Lesestrukturierung (z. B. Unterteilung des Textes in Sinnabschnitte) müssen zum Einsatz kommen und ein Wechseln zwischen digitalem Lesen und ggf. analoger bzw. hybrider Textverarbeitung zur Erhöhung der Metakognition vollzogen werden (vgl. Wampfler 2017: 65).

Im Anschluss an die Ermittlung der für das Lösen des Arbeitsauftrags relevanten Textstellen muss für die Erschließung des Textes und seiner (komplexen) Inhalte und Zusammenhänge in den Modus des *deep reading* gewechselt werden (vgl. Stavanger Declaration 2019). Dies erfordert eine bewusste Verlangsamung des Leseprozesses, wie zum Beispiel das Zurückgehen im Text oder das Mehrfachlesen von Passagen, was permanente Metakognition voraussetzt. Aus dem Analogen übertragene Textverarbeitungs- und Lesestrategien, wie das Markieren zentraler Textstellen und das Erstellen von Notizen als elaborierende Strategie, sind auch im digitalen Bereich möglich und sinnvoll (ebd.). Da Schüler:innen dazu neigen, ihre Lesefähigkeiten im Digitalen zu überschätzen, ist es wichtig, sie den eigenen Leseprozess stetig reflektieren zu lassen und ihnen kontinuierlich Feedback zu geben und weitere Strategien zu vermitteln. Zum kompetenten digitalen Lesen gehört auch der zielführende Einsatz von Übersetzungsprogrammen und weiterer digitaler (textsortenspezifischer) Hilfsmittel. Im Folgenden werden Implikationen für die Auswahl digitaler Texte und deren didaktisch-methodisch begründeter Einsatz vorgestellt. Diese Implikationen verstehen sich als Reflexionsanlass und können somit keinen Anspruch auf Vollständigkeit erheben.

4.2.2 Aspekte der Textauswahl

Für eine im Fremdsprachenunterricht gezielte Leseförderung müssen Lehrende zunächst die Lesegewohnheiten der verschiedenen digitalen Texte kennen, um daraus abgeleitet Leseaufträge zu formulieren, die verschiedene Lesestile einfordern. Die Auswahl impliziert die Schaffung oder Bereitstellung situativer Kontexte, in denen die Vielfalt der Lesestile sinnvoll praktiziert und gefestigt werden kann (vgl. Koch 2021: 39). Die im Analogen gültigen Kriterien der Textauswahl (vgl. u. a. Nieweler 2017b: 210; 212; Henseler & Surkamp 2007: 3 f.), z. B. Schwierigkeitsgrad entsprechend dem Sprachniveau der Lernenden, Authentizität und Aktualität, Berücksichtigung der Interessen und Bedürfnisse der Lerngruppe, Diversität der Textarten, Textlänge usw. müssen im Digitalen um Aspekte erweitert werden, die im Folgenden diskutiert werden.

a) Lernniveau

Wie auch für analoge Texte gilt es zunächst eine Webseite zu wählen, die Inhalte bietet, die für den Fremdsprachenunterricht relevant und die an die sprachlichen Fähigkeiten der Lernenden angepasst sind (vgl. hinsichtlich literarischer Texte im Fremdsprachenunterricht O'Sullivan & Rösler 2013: 49–53). Anhand des Ausgangsniveaus der Lernenden, also deren Erfahrungen, Kenntnisse und Nutzungsgewohnheiten digitaler Texte, die von der Lehrkraft eingeholt werden, werden Webinhalte ausgewählt, die gegebenenfalls mit zusätzlichen Unterstützungen oder Erklärungen sowie Informationen zu verschiedenen Lesestrategien – einhergehend mit einer Sensibilisierung für Unterschiede im Analogen und Digitalen – angereichert werden.

Grundlegend kann je nach Leseabsicht jede Quelle genutzt werden, vor allem beim Einbezug nicht-sprachlicher Mittel:

z. B. ist das Lesen und Kontextualisieren von Bildern einer fremdsprachlichen Webseite bereits ab A1-Niveau möglich. Betrachtet man unterschiedliche Niveaus aus der Perspektive des Leseverstehens, bieten sich mit Blick auf die Sprache unterschiedliche Typen von Quellen und Webseiten an: Für das Anfänger:innenniveau eignen sich didaktisierte Webseiten, die grundlegende Vokabeln, einfache Sätze und visuelle Hilfsmittel verwenden und dabei einen spielerischen Charakter über Quizze und Comics integrieren. Für das mittlere Sprachniveau bieten sich z. B. Reise- oder Foodblogs (ebenso Vlogs) an, die Informationen über beliebte Reiseziele in klarer und verständlicher Sprache mit visueller Unterstützung bereitstellen. Ab einem fortgeschrittenen Niveau sollten sowohl Nachrichtenwebseiten zum Repertoire der Lehrkraft gehören, die komplexe Fachbegriffe verwenden, als auch verschiedene Netzliteratur im Allgemeinen, z. B. Instapoesie (vgl. Lachmund 2024; Gwozdz 2021).

b) Inhalt

Neben der üblichen Bewertung der sprachlichen und inhaltlichen Eignung eines Textes für den Fremdsprachenunterricht sollten Lehrkräfte sicherstellen, dass die Informationen einer digitalen Quelle korrekt, aktuell und (inter-)kulturell relevant sind. Dies umfasst sowohl Textbestandteile als auch die ggf. enthaltenen multimedialen Elemente (Videos, Audioaufnahmen, interaktive Übungen usw.). Einem Vorzug sind Quellen zu geben, die frei zugänglich sind und wenige bis keine Nutzer:innendaten erheben.[11] Die Bewertung der Inhalte von Webseiten kann jedoch herausfordernd sein, da z. B. sicher-

11 Im schulischen Unterricht müssen aktuelle Datenschutzregelungen berücksichtigt werden, sobald personenbezogene Daten abgefragt werden. Zum Datenschutz im Umgang mit sozialen Netzwerken im Unterricht siehe Kapitel 4.2.4.

gestellt werden muss, dass die präsentierten Inhalte von vertrauenswürdigen Quellen stammen (vgl. Grünewald 2017: 158). Dies erfordert oft zusätzliche Recherche, um die Glaubwürdigkeit der Informationen zu überprüfen, insbesondere wenn eine Quelle keine etablierte Reputation hat. Aufgrund der dynamischen Natur von Webinhalten, insbesondere in schnelllebigen Bereichen wie Nachrichten oder aktuellen Ereignissen (vgl. Hille 2020: 116), müssen Lehrkräfte zudem ständig die Aktualität der bereitgestellten Informationen verifizieren.

c) Kultur

Webinhalte können kulturelle Referenzen enthalten, die für Lernende aus diversen Sprach- und Kulturkreisen möglicherweise nicht verständlich sind. Wendt (1996: 136) zufolge kann alles, was nicht den bis zum jeweiligen Zeitpunkt gemachten Erfahrungen einer Person ‚entspricht' eine Unstimmigkeit evozieren, die die individuellen Erlebnisse grundlegend oder zumindest temporär relativieren und bezweifeln lassen und so das Leseverstehen verringern bzw. verhindern können. Vor allem bei der Lektüre im digitalen Raum, der Zugang zu Texten aus vielen verschiedenen Kulturen bietet, gilt es für kulturelle Aspekte zu sensibilisieren. Zum Beispiel könnten in einem digitalen Text metaphorische Ausdrücke, Redewendungen oder kulturell-spezifische Symbole verwendet werden. Die Lernenden müssen dann ihre „Echtwelterfahrungen [...] zur Erklärung und Verarbeitung textueller Phänomene" im Rahmen ihres Leseprozesses heranziehen und „textuelle Informationen in Einklang mit ihren realen Weltmodellen" (Zerweck 2002: 222) bringen. Sie wählen und bilden „[...] in der Auseinandersetzung mit den verschiedenen ‚Kulturen' aktiv unterschiedliche Elemente und Facetten für ihren eigenen, individuellen Identitätsentwurf" (Caspari &

Schinschke 2000: 468) aus und korrigieren im besten Fall ihre ursprüngliche Einstellung bzw. Meinung.[12]

Hierzu sollte sichergestellt sein, dass die verwendete Sprache und die präsentierten Inhalte kulturell sensibel sind und nicht zu Missverständnissen oder Verwirrungen führen. Demnach sollte Webseiten der Vorzug gegeben werden, die eine breite Palette von Perspektiven und Ansätzen zu einem bestimmten Thema präsentieren und bündeln, um einerseits der Heterogenität der Lernenden selbst gerecht zu werden und andererseits die Aushandlung von Meinung und Bedeutung im digitalen Raum multiperspektivisch nachvollziehen zu können.

d) Gestaltung

Eine benutzer:innenfreundliche Gestaltung und intuitive Navigation sind – besonders in Anbetracht des selbstbestimmten, autonomen Umgangs mit digitalen Quellen – entscheidend für eine effektive Nutzung von Webseiten (nicht nur, aber auch) im Fremdsprachenunterricht. Wenn Schüler:innen sich auf einer Webseite nicht leicht zurechtfinden können, kann dies ihre Leseerfahrung beeinträchtigen und zu Frustration bzw. zum Abbruch des Leseprozesses führen (vgl. Franke & Lachmund 2023: 27 f.). Eine klare und übersichtliche Struktur (mit Absätzen und Zwischenüberschriften) wird durch eine gut sichtbare Menüführung, farblich hervorgehobene Links und eine logische Anordnung der Inhalte erreicht. Darüber hinaus sollte – um die Kompatibilität mit verschiedenen Geräten und Betriebssystemen zu gewährleisten – darauf geachtet werden, dass die Webseite responsiv ist und sich an verschiedene Bildschirmgrößen anpasst, um eine optimale

12 Ausführlich zu den verschiedenen Modellen des inter- bzw. transkulturellen Lernens siehe z. B. Reimann 2014.

Nutzung auf verschiedenen Geräten wie Desktops, Laptops, Tablets und Smartphones zu ermöglichen (Stichwort: barrierefreier Zugang zu digitalen Quellen, vgl. Voß-Nakkour et al. 2023).

Die meisten Webseiten enthalten Werbung oder andere Ablenkungen, die das Leseverstehen beeinträchtigen können. In Abwägung dieser müssen entsprechend Quellen ausgewählt werden, die möglichst frei von störenden Werbeeinblendungen und anderen ablenkenden Elementen sind. Darüber hinaus können Lehrer:innen den Lernenden Tipps zur Bewältigung von Ablenkungen zur Verfügung stellen, wie z. B. das Ausblenden von Werbung, an die sie im Laufe ihres Leseprozesses kontinuierlich erinnert werden. Ein weiterer Aspekt ist der Umgang mit irreführenden oder gesponserten Inhalten, die falsche oder im Sinne eines Bias verzerrte Informationen verbreiten oder bestimmte Produkte / Ansichten bewerben. Es gilt, diese Elemente zu identifizieren und hierbei die Lernenden zu ermutigen, den Ursprung von Informationen auf Webseiten bzw. deren Drittanbietern kritisch zu hinterfragen und Originalquellen zu überprüfen. Dies erfordert ein gewisses Maß an Medienkompetenz (vgl. DigComp 2022) und kritischem Bewusstsein, das auch im Fremdsprachenunterricht gefördert werden muss.

4.2.3 Didaktisch-methodische Entscheidungen zur Förderung des digitalen Lesens

Um die Text-, Medien- und digitale Lesekompetenz im Fremdsprachenunterricht zielgerichtet zu schulen, bedarf es entsprechend adaptierter didaktischer Lehr- und Lernsettings. Im Folgenden werden Implikationen für eine Unterrichtspraxis gegeben, die Lernende an die digitale, fremdsprachliche Lektüre heranführt und ihnen sukzessive die notwendigen Strategien und Fähigkeiten vermittelt, um handelnd im digitalen, fremdsprachlichen Raum aktiv werden zu können und eine Medienkompetenz zu kultivieren, die durch die systematische Vergegenwärtigung strategischer Dispositionen zur kritischen Rezeption digitaler Texte anleitet. Zu diesem Zweck werden anhand möglicher Lernziele für verschiedene Lernstände Hinweise zur Thematisierung und Sensibilisierung von bzw. für digitale Lesestrategien in Abhängigkeit zum Lernniveau (a) dargestellt. Es wird außerdem auf Möglichkeiten des Einsatzes von Hilfsmitteln (b) und auf Differenzierungsmöglichkeiten (c) eingegangen.

a) Strategientraining im Kontext des digitalen Lesens nach Anfangs- und Fortgeschrittenenniveau

Die Instruktion der Lernenden hinsichtlich des Einsatzes digitaler Lesestrategien, wie etwa des Filterns und Selektierens von Informationen oder der Annotierung, manifestiert sich als maßgeblicher Determinant in Bezug auf deren Lernprozess und sukzessive Kompetenzentwicklung. Im Folgenden werden mögliche Lernziele für den Anfangs- und Fortgeschrittenenunterricht vorgestellt.[13]

Für den Anfangsunterricht besteht das Hauptziel darin, den Lernenden ein Interesse für das Lesen fremdsprachlicher Quellen zu vermitteln und die Grundlagen für ein genussvolles Lesen zu legen. Hier kann am Selbstverständnis der Lernenden als mehrsprachige Leser:innen und Mitglieder einer leseaffinen digitalen Gemeinschaft – wie sie auf *Booktok* oder *Bookstagram* kultiviert wird – angesetzt werden (vgl. Kapitel 4.2.4 zum Lesen in sozialen Netzwerken).

Aufgrund der Authentizität und sprachlichen Komplexität digitaler Texte kann im Anfangsunterricht zunächst auf ein

---

13 Konkrete Beispiele für die gezielte Schulung von Lesestrategien im Kontext digitaler Lektüre finden sich z. B. bei ISB 2022 und ÖSZ 2023.

Globalverstehen oder die Suche nach gezielten Informationen fokussiert werden, wodurch den Lernenden gleichzeitig ermöglicht wird, ihre Text- und Medienkompetenz zu erweitern, indem sie mit verschiedenen digitalen Textsorten in Kontakt kommen und deren Merkmale kennenlernen (z. B. Menüleisten, Hyperlinks usw., sowie das entsprechende fremdsprachliche Fachvokabular). Dies umfasst auch die Evaluation analoger Lese- und Textverarbeitungsstrategien hinsichtlich ihrer Eignung für den digitalen Raum (z. B. Adaption traditioneller Markierungs- und Notizentechniken für die digitale Umgebung). Auch eine erste Sensibilisierung hinsichtlich der Überprüfung der Glaubwürdigkeit digitaler Quellen kann bereits im Anfangsunterricht erfolgen, beispielsweise indem Autor:innen, Impressum oder Erscheinungskontext hinterfragt werden. Für die Lehrkraft bedeutet dies, dass Leseaufträge operationalisiert werden und die Begriffe (z. B. *browsing*, *scanning*, *skimming*) eingeführt und konsistent genutzt werden (vgl. Nieweler 2017b: 219).

Mit steigendem Sprachniveau und Fortschreiten des Unterrichts sollen die Lernenden ihre Fähigkeiten im digitalen Lesen und der Textkritik weiterentwickeln. Dies beinhaltet neben dem Leseverstehen auch die Anwendung fortgeschrittener Strategien zur Textverarbeitung und Informationsbeschaffung. Im Bereich der Lesestrategien soll ein flexibler Wechsel geübt werden. Schüler:innen müssen entsprechend lernen, „to adopt strategies of focused, critical, analytical, and deep reading for better comprehension of the text contents“ (Lim & Toh 2020: 7). Damit das Leseverstehen nicht negativ durch das Behalten von für den Text irrelevanten Inhalten – das eine hohe kognitive Belastung darstellt – beeinflusst wird, brauchen vor allem Lernende, die mit Technologien aufgewachsen sind, Strategien, um Multitasking-Aktivitäten oder das schnelle Springen von Aufgabe zu Aufgabe zu vermeiden (vgl. Salmerón et al. 2018).

Während gedruckte Texte einer Struktur folgen, die das lineare Lesen begünstigt und die Annäherung an sie entsprechend erfolgt (vgl. Mangen et al. 2013), sind digitale Texte für eine non-lineare Lektüre prädestiniert. Dennoch können lineare Leseprozesse auch das Verständnis digitaler Texte positiv beeinflussen, wenn Lernende über effektive Strategien verfügen, um ihre Aufmerksamkeit zwischen verschiedenen Medien und Informationsquellen gezielt lenken und kontrollieren zu können.

Da im Digitalen häufig das Leseziel aus den Augen verloren wird, sollten die Lernenden ihren Leseprozess vorstrukturieren und organisieren. Zunächst sollte von den Lernenden das Leseziel verschriftlicht und mit Prioritäten (Abschätzung der Lesepfade, vgl. Philipp 2018) versehen werden, sodass es während der Lektüre multipler digitaler Quellen immer wieder ins Bewusstsein gerät. Sie sollten im Vorhinein entscheiden, wie sie die Informationen verarbeiten und sichern wollen (analog? hybrid? mit einem Tool?) und wie viel Zeit sie in die Recherche und Lektüre investieren möchten / können. Zu Beginn des Leseprozesses führen die Lernenden das überfliegende Lesen aus, um entscheiden zu können, welche Bestandteile eines digitalen Textes bei der Lektüre ausgeblendet werden können, welche einer vertieften Lektüre bedürfen und welche Hyperlinks weiterverfolgt werden sollen. Besonders hilfreich kann in diesem Kontext *chunking* sein:

> where the text is broken up into smaller chunks for in-depth processing of important ideas and to seek links that would take them to important information they wanted for reading comprehension (Patterson 2000, zit. in Lim & Toh 2020: 7).

Auch der Umgang mit multiplen Quellen zur Vermeidung von Multitasking kann organisiert werden: Mit der Tab-Funktion des Browsers können die geöffneten Webseiten strukturiert werden. Durch Gruppierung ähnlicher Seiten in verschiedenen Tabs, beispielsweise für Recherchequellen, Referenzmaterial und aktuelle Aufgaben, kann die Übersichtlichkeit verbessert werden. Des Weiteren ist die Verwendung von Lesezeichen hilfreich, um wichtige Webseiten später leichter wiederzufinden. Durch die Organisation der Lesezeichen in Ordnern oder Kategorien wird der Zugriff weiter erleichtert. Zusätzlich können Browser-Erweiterungen oder -Funktionen genutzt werden, um Arbeitsbereiche einzurichten, die mehrere Tabs oder Fenster zusammenfassen. Dies ermöglicht es, verschiedene Aufgaben voneinander zu trennen und schnell zwischen ihnen zu wechseln. Eine Priorisierung der geöffneten Webseiten kann entsprechend der Leseaufträge und -ziele stattfinden. Durch Festlegung, welche Seiten aktuell benötigt werden und welche später besucht oder auch geschlossen werden können, wird zudem einer kognitiven Überlastung vorgebeugt.

Im Verlauf ihres Lernprozesses erweitern die Schüler:innen integrativ ihr Leseverständnis und ihre Medienkompetenz sowohl im analogen als auch im digitalen Raum und können in beiden adaptiv bestehen. Dies umfasst auch die Reflexion der bereits erlernten analogen Lesestrategien hinsichtlich ihrer Eignung für den digitalen Raum. Dabei gilt es, die spezifischen Merkmale digitaler Texte zu berücksichtigen (siehe Kapitel 3.1) und den sukzessiven Einsatz verschiedener Strategien zu erörtern und zu reflektieren. Besonders der Wechsel in das intensive konzentrierte Lesen muss hierbei angebahnt und bewusst gemacht werden, um die Verarbeitungstiefe der Informationen zu erhöhen (vgl. Lim & Toh 2020: 5). Dies ist insbesondere deshalb von großer Relevanz, da sich gezeigt hat, dass Lernende „discard familiar print-based strategies for boosting comprehension when reading digitally“ (Lim & Toh 2020: 6; siehe auch Franke & Lachmund 2023). Durch die Beantwortung kritischer Fragen zu spezifischen Textstellen und die Überprüfung von kontextuellen und definitorischen Informationen kann eine Verlangsamung des Leseprozesses erreicht werden (vgl. Delgado et al. 2018).

Im fortgeschrittenen Niveau sollen Lernende in der Lage sein, digitale Quellen kritisch zu prüfen. Dazu sollten sie sich an diversen Indikatoren orientieren, um die Glaubwürdigkeit von Informationen zu bewerten. Hierzu gehören die Reputation der Autor:innen oder der Organisation bzw. Institution, die die Informationen verbreiten. Weiterhin sind die Aktualität der Informationen, die Verwendung von Quellenverweisen sowie die Überprüfung auf sachliche Fehler oder Ungenauigkeiten wichtige Parameter. Im Sinne einer Progression im Bereich der Bewertung von Quellen sollten auch die Überprüfung von URL-Domains, die Suche nach dem Impressum oder Autor:inneninformationen, Werbung oder Sponsoring auf der Webseite sowie das Erkennen von Hinweisen auf Voreingenommenheit oder Manipulation thematisiert werden. Durch das Überprüfen von Quellenangaben im Vergleich zur Prüfung der Konsistenz und der Entwicklung von Internet-Diskursen können Relevanz und Aktualität von Informationen beurteilt und die Deutung multimodaler *codes* geübt werden (Stichwort: multimodale semiotische Bewusstheit, Kapitel 3.2.4, vgl. auch Wengler 2023b: 6 f.).

Das Erlernen und Anwenden linearer und tiefgehender Lesestrategien begünstigen die kritische Reflexion gelesener Inhalte (vgl. Lim & Toh 2020: 7). Gleichzeitig sollen digitale Werkzeuge, wie Übersetzungstools und Online-Wörterbücher, effektiv eingesetzt werden; denn ständiges Nachschauen von Begriffen oder Phrasen beeinträchtigt den Lesefluss und die Leselust nachhaltig (vgl. Henseler & Surkamp 2007: 8).

b) Einsatz von Hilfsmitteln

Die gezielte Nutzung digitaler Wörterbücher und Übersetzungstools kann einen wertvollen Beitrag zur Bewältigung lexikalischer Herausforderungen beim digitalen Lektüreprozess leisten (vgl. z. B. Lehrnert-te Lindert 2020: 130) und sollte gezielt geschult werden (vgl. Subrahmanyam et al. 2013; Tran et al. 2013). Zunächst muss den Schüler:innen der Unterschied zwischen einem Online-Wörterbuch (z. B. PONS, LEO) und einem Übersetzungsprogramm (z. B. Google Translate, DeepL) bekannt und bewusst sein, um abwägen zu können, welche Anwendung sich für welches Leseziel besser eignet (vgl. Udry & Berthele 2023a: 156 f.). Weiterhin sollten die Lernenden dazu ermutigt werden, zunächst Lesestrategien einzusetzen, um zu überprüfen, was ohne Hilfsmittel z. B. über den Kontext zu erschließen ist. Um nicht jedes einzelne Wort zu übersetzen, sollten die Lernenden gezielt nach Schlüsselbegriffen (z. B. durch Fettdruck gekennzeichnet) suchen, die für das Verständnis des Textes entscheidend sind. Da ein Erfassen des Kontextes entscheidend für das Leseverstehen ist, sollte dies über den Einsatz von digitalen Wörterbüchern trainiert werden: Um die Bedeutung eines Wortes besser zu erfassen, könnte nach Synonymen oder Beispielsätzen gesucht werden. Falls mehrere Ergebnisse zur Auswahl stehen, sollten die ergänzenden Informationen (z. B. Herkunft des Wortes, Umgangssprache etc.) zu Rate gezogen werden, welche Hinweise auf den Gebrauch in spezifischen Kontexten geben, die jedoch den Lernenden transparent sein müssen. Da Lernende besonders Schwierigkeiten im Umgang mit mehreren zur Auswahl stehenden Ergebnissen zeigen, sollten sie hier in Form von Einführungen und Checklisten begleitet und unterstützt werden (vgl. ebd. 158). Auch ein kritischer Blick auf die Grenzen der Übersetzungsmaschinen sollte gewagt werden, indem in Form von Rückübersetzungen (besonders bei kulturell-sensiblen Begriffen und Themen, Ironie / Sarkasmus, Metaphern) oder ergänzenden Recherchen zur korrekten Interpretation des Outputs die Schwächen dargelegt werden bzw. Qualitätseinbußen abseits standardisierter Texte reflektiert werden (vgl. Wengler 2023a: 4).

Anstatt (ggf. wahllos) zahlreiche Wörter oder Sätze (über *Copy-and-Paste*) maschinell übersetzen zu lassen, sollten Schüler:innen für einen zielgerichteten, sparsamen Umgang mit Übersetzungstools sensibilisiert werden. Die übersetzten Informationen sollten sie zur Erweiterung ihres Vokabulars notieren (vgl. Lauterman & Ackerman 2014). Übersetzungsprogramme sollten insbesondere in der Sekundarstufe I als Ergänzung zum Wörterbuch verstanden werden, um schwierige Passagen oder ganze Sätze übertragen zu bekommen, sollte dies für das Verständnis / Leseziel nötig sein. Schüler:innen sollten sich hingegen zunächst auf ihre eigenen Fähigkeiten stützen, beispielsweise indem sie nach ihrem Lernniveau angepassten Alternativformulierungen suchen. Auch die Reflexion darüber, wie das Wörterbuch verwendet worden ist, welche Schwierigkeiten es dabei gegeben hat und wie diese überwunden worden sind, dient der Entwicklung von Strategie- und Metawissen zum Lesen und Verstehen fremdsprachlicher Texte[14].

c) Möglichkeiten der Differenzierung

Digitale Medien privilegieren differenzierte, subjektive Zugänge, da die Mehrheit der Lernenden bereits Vorwissen, Routinen und Herangehensweisen im Umgang mit diesen besitzen. Mit ihrer Vielzahl von Optionen kann somit ganz besonders auf die unterschiedlichen Bedürfnisse der Schü-

14 Weitere konkrete didaktisch-methodische Beispiele im Umgang mit digitalen Wörterbüchern und Übersetzungsprogrammen bei u. a. Bramlage (2023) und Noack-Ziegler & Pachale (2020).

ler:innen reagiert werden. Dabei kann auf alle von Caspari & Holzbrecher (2016: 10–13) formulierten Differenzlinien eingegangen werden. Im Kontext des digitalen Lesens kann der Aufgabe, Lernsettings anzubieten, die es den Schüler:innen ermöglichen, ihren individuellen Vorgehensweisen im Lese- und Lernprozess zu folgen (Hoffmann 2010: 162), besonders effektiv nachgekommen werden, indem

> didaktische Formen [...], die unterschiedliche Lernniveaus und Leistungsstände und damit diverse Aktivierungsstufen und Bewusstseinsebenen zulassen und entsprechend fördern (ebd. 163)

gestaltet werden.

Digitale Texte können in verschiedenen Schwierigkeitsgraden angeboten werden, indem einerseits verschiedene Texte zum selben Thema gegeben werden oder aber ein Text in unterschiedlichen Schwierigkeitsgraden generiert wird (z. B. mit KI-basierten Tools wie ChatGPT). Lernende können auch selbst Programme nutzen, um sich den Text in einfachere Sprache ‚umschreiben' zu lassen (beispielsweise mit Rewordify oder Languagetool). Dies deckt die Differenzlinie Leistungsfähigkeit ab, indem eine Entwicklung über den individuellen Lernfortschritt ermöglicht wird. Um den unterschiedlichen Interessen und Lernzielen der Schüler:innen zu entsprechen, können Lernende selbst relevanz- und neigungsbasiert in Zusammenhang mit ihrer Lebenswelt und ihren Erfahrungen Inhalte auswählen. Bereits die für digitale Texte typische Struktur, die sich u. a. durch weitere Verlinkungen (Hyperlinks) auszeichnet (siehe Kapitel 3.2), ermöglicht ein differenziertes Leseerlebnis, da zusätzliche Informationen zu einem bestimmten Thema erhalten werden können, wie Definitionen oder Erklärungen, die auch das Medienformat wechseln und ein ganzheitliches multimodales Lernen ermöglichen (von Text zu Bild zu (Erklär-)Video usw.).

Digitale Texte ermöglichen zudem die Integration zusätzlicher Unterstützungsressourcen auf individueller Basis, wodurch eine „große[...] Variabilität in den Lernzeiten, Übungs- und Arbeitsformen sowie den Hilfestellungen“ (Wunsch 2006: 43) erreicht werden kann. Dies kann die Bereitstellung von interaktiven Glossaren, Vokabellisten, Erklärungen schwieriger grammatischer Konzepte, Umstellen der Webseitensprache, Einsatz digitaler Wörterbücher oder Übersetzungstools umfassen, die den Lernenden beim Verständnis des Textes helfen (vgl. Wengler 2023a: 5).

Darüber hinaus kann auf barrierefrei gestaltete, digitale Texte zurückgegriffen werden, um den unterschiedlichen Bedürfnissen von Schüler:innen gerecht zu werden, indem beispielsweise *text-to-speech*-Funktionen oder alternative Textbeschreibungen für Bilder bereitgestellt werden (vgl. Voß-Nakkour et al. 2023).

4.2.3 Sonderfall: Social-Media-Beiträge lesen

Für das Lesen von Social-Media-Beiträgen gelten die unter 4.2.1 und 4.2.2 angeführten Aspekte, allerdings müssen die Implikationen für den Einsatz im Fremdsprachenunterricht unter besonderer Berücksichtigung der Förderung einer multimodalen semiotischen Bewusstheit erweitert werden.

Soziale Netzwerke sind per se nicht für edukative oder gar Sprachlernziele designt worden, weshalb ihre plattformeigenen Affordanzen und die Nutzungsgewohnheiten der User:innen zu Unterhaltung und Kommunikation für den funktionalen Einbezug im Unterricht Berücksichtigung finden müssen.

Laut Lim & Fussell (2017) werden sprachlich zu komplexe Social-Media-Texte eher übersehen (bzw. ignoriert). Einerseits steht den Lernenden der Einsatz von Hilfsmitteln wie der Übersetzungsfunktion zur Verfügung, andererseits können auch über Hinweise rund um einen Beitrag Schlüsse über dessen Kontext gezogen werden, die das Verstehen fördern. Lim & Fussell (ebd. 9) zufolge helfen eine kohärente Bild-Text-Beziehung, der Einsatz von Suchstrategien (hierzu braucht man adäquate Stichworte, die man aus einem Beitrag gefiltert haben muss), um sich zu informieren als auch der Einbezug von transparenten (auch englischsprachigen) Hashtags, die ein Wiedererkennen vereinfachen und so ein Verknüpfen von disparaten Informationen zu einem zusammenhängenden Kontext ermöglichen. Außerdem beeinflussen Ortsangaben den Erschließungsprozess positiv (ebd.).

Auch die Nutzung von paraverbalen Elementen, wie Emojis sowie die Quantität der Likes oder Reaktionen (z. B. ‚Solidarität') auf einen Beitrag dienen dazu, eine Einschätzung darüber zu ermöglichen, ob dieser eher positiv oder negativ konnotiert ist. Jener erste Eindruck einer Grundstimmung zu einem Post ist ein im Digitalen notwendiger *top-down*-Prozess, der die Lektüre vorbereiten kann, der aber auch bereits als Anker zur Entscheidung für oder gegen die Lektüre fungiert. Ein erster Eindruck ist dabei der wichtigste Pfeiler in der Entscheidung für die persönliche Relevanz eines antizipierten Inhalts. Dies impliziert, dass Lernende ein Höchstmaß an bereits strukturierten Informationen benötigen, welche von der Plattform während der Eingabe der Post-Bestandteile gesteuert werden können. Diese Informationen bieten Hinweise darauf, welche Beiträge, ebenso wie welche sozialen Netzwerke, sich besser für den Fremdsprachenlernprozess eignen könnten (beispielsweise bildbasierte im Vergleich zu textlastigen Plattformen, wie Instagram im Vergleich zu X / Threads). So kann im Fremdsprachenunterricht das Rezipieren und Analysieren eines Posts geübt werden, wodurch Barrieren abgebaut werden bzw. eine Routine im Umgang mit ggf. sprachlich zu komplexen Beiträgen etabliert wird.

Laut Lim & Fussell (ebd. 5f.) stellt eine das Lesen von fremdsprachlichen Posts begünstigende Voraussetzung eine parasoziale Verbindung mit dem:der Sender:in dar: zu wissen, wo die Person lebt, über welche Themen sie postet und was sie mögen könnte, gilt als wichtige Brücke zum Inhalt, weil ein Post so an „sozialer Attraktivität“ gewinnt. Das erhöhe die Wahrscheinlichkeit, den sprachlich ggf. zu komplexen Beitrag nicht zu ignorieren.

Für die Schulpraxis bedeutet dies, dass Lehrkräfte zwar eine Empfehlung für (Sprachlern-)Konten aussprechen können oder durch den Einbezug authentischer Social-Media-Inhalte in den Unterricht im Sinne eines Gatekeepers einen Kontakt herstellen, jedoch entscheiden schließlich die ganz individuell empfundene Sympathie und Attraktivität über die emotionale Verbundenheit (*affective community*, Hutchison 2018). Diese liegt in der Betrachtungsweise der Schüler:innen und kann nur in geringem Maße von der Lehrkraft beeinflusst werden. Die Lehrkraft sollte jedoch Empfehlungen aussprechen für Konten, die sie selbst ggf. konsumiert, um den Schüler:innen eine Sicherheit für geprüfte Inhalte vermitteln zu können. Dementsprechend ist es auch in diesem Kontext ratsam, die Vorlieben und Interessen der Schüler:innen zu kennen, um die Empfehlungen in diese Richtung bahnen zu können. Gibt es beispielsweise innerhalb der Klasse *special interest groups* (z. B. im Bereich französischer Sport, Lesevorlieben), können spezifische Empfehlungen für Inhalte gegeben werden, sodass ein Austausch mit Fremdsprachenlernenden weltweit angeregt werden kann, wodurch ein *affinity space* eröffnet wird (vgl. auch Loh & Sun 2019). Carpenter et al. (2020: 2) zufolge handelt es sich bei *affinity spaces* um:

> online and/or offline locations where people convene due to a shared interest or endeavor. This common interest or endeavor supersedes distinctions such as age or gender that might shape

> users' interactions in other spaces. In many cases, affinity spaces are related to avocations rather than vocations. However, by reducing traditional geographical, hierarchical, temporal, and institutional barriers, social media such as Instagram can facilitate the creation of affinity spaces for educators rooted in shared professional affinities.

Ein individualisiertes, identitätsbezogenes Lernen ist so über die Zugehörigkeit zu einer Gruppe möglich, die wie eine ‚Fangemeinde' funktioniert, was sich nachhaltig auf die Lernmotivation auswirken kann (indem beispielsweise den gleichen *eduinfluencern*, Gamern, *bookfluencern* etc. gefolgt wird, vgl. Lachmund 2024: 10).

Besonders wenn literarisches Lesen über Social Media praktiziert wird, kommt der Mitwirkung am Text nicht nur eine hermeneutische Bedeutung zu, sondern eine ganz konkrete: Schüler:innen tragen sowohl ihr Wissen und ihre Erfahrungen, ihre Einstellungen und Gefühle als auch ihre Zustimmung oder Ablehnung sowie Eindrücke von der Lektüre, die sie in den literarischen Welten der sozialen Netzwerke erleben, an die im Unterricht behandelten literarischen Werke und zu lesenden Texte heran. Somit wird noch einmal mehr deutlich, dass beim fremdsprachlichen Lesen und Verstehen nicht nur rezeptive und kognitive Fähigkeiten eine Rolle spielen, sondern der Lesevorgang auch von produktiven, imaginativen, affektiven und ethischen Momenten gekennzeichnet ist (vgl. Nünning & Surkamp 2008: 13).

Schließlich ist der produktionsorientierte Einsatz von Social Media, der im Rahmen eines aufgabenorientierten Unterrichts (vgl. Müller-Hartmann & Schocker-von-Dithfurth 2008) in enger Begleitung der Lehrkraft aber auch der Mitschüler:innen erfolgt, eine Option, die eine kontext- und diskurssensible, aber auch fehlertolerante Sprachverwendung anregen kann: Eine Möglichkeit liegt hier in Projekten, bei denen das Lernprodukt die Dokumentation eines Prozesses ist (z. B. Lernende pflegen einen Kanal über ihren Schüler:innenaustausch, über die Biografie einer (historischen) Persönlichkeit, über eine Lektüre, Stichwort: Lesetagebuch). Hierbei sollten die Optionen der Plattform und ihrer Eigenschaften ausgeschöpft werden, indem die Lernenden Hashtags für ihre Posts nutzen, Kommentare verfassen, Bild-Text-Inbeziehungssetzung erproben, Feedback einholen usw., wodurch auch die digitale Medienkompetenz geschult wird. Hierzu existieren bereits vielversprechende Ideen und Ansätze sowie Leuchtturmprojekte, die zu einem Nachahmen einladen (vgl. z. B. für das Französische: Handreichung der Académie de Paris 2022).

Für den Einbezug von sozialen Netzwerken in den schulischen Unterricht sind einige datenschutzrechtliche Aspekte zu berücksichtigen. Grundsätzlich erlaubt die aktuelle Datenschutzlage den Einsatz von Social Media zu Unterrichtszwecken unter bestimmten Voraussetzungen:

> [...] eine exemplarische Nutzung von Social Media Plattformen [ist] in der Schule recht unproblematisch möglich [...], solange sie lediglich Unterrichtsgegenstand sind, und dabei die Privatsphäre und das Recht auf informationelle Selbstbestimmung gewahrt bleiben [...]. (Datenschutz-Schule.info 2023: o.S.)

Wenn im Rahmen von Unterricht ein Konto auf einer Plattform, beispielsweise Instagram, erstellt und bespielt werden soll, müssen in der Planung einige Faktoren berücksichtigt werden: Sollten die Lernenden jünger als 15 Jahre alt sein, empfiehlt sich ein Klassenkonto, das die Lehrkraft eröffnet und verwaltet (vor allem hinsichtlich der zeitlich restriktiven Nutzung und der Verwaltung des Passworts). Generell sollten die Privatkonten der Lernenden nie im Kontext von schulischen Zwecken zum Einsatz kommen. Sind die Lernenden älter als 15 Jahre, können sie mit Pseudonym und einer *junk*-Mail-Adresse ein Konto eröffnen, dessen Zugangsdaten zum Schutz vor Missbrauch idealerweise die Lehrkraft erhält. Am Ende der Arbeit mit dem Konto sollte eine Abmeldung erfolgen, um die Nutzungszeit einzuschränken. Alle Vorhaben für den Einsatz von Social Media im Unterricht sollten immer zunächst mit der Schulleitung und anschließend mit den Eltern abgesprochen sein (Einholen der Erlaubnis, Transparentmachung einer Netiquette und Nutzungsregeln vor allem im Umgang mit den eigenen Bildrechten). Wichtig ist, dass der Aspekt der Freiwilligkeit durchweg garantiert wird, d. h.: Wer nicht mit Instagram o. Ä. im Unterricht arbeiten möchte, darf keine Nachteile erhalten.

5. Fazit oder Plädoyer für eine Didaktik des digitalen Lesens

Insgesamt ist die Integration digitaler Lesekompetenz von entscheidender Bedeutung, damit sich Schüler:innen sicher und kompetent im digitalen Raum bewegen können. Dies ist nicht nur eine Aufgabe des Fremdsprachenunterrichts allgemein, sondern muss bereits im Erstsprachenunterricht angebahnt werden. Auch wenn die Digital Natives – wahrgenommen als medienkompetent qua Geburt – bereits viel Zeit in virtuellen Umgebungen verbringen, sollten sie insbesondere beim fremdsprachlichen digitalen Lesen nicht allein gelassen werden. Im Hinblick auf didaktische Überlegungen ergibt sich die Empfehlung, die Ausgangslage zu ergründen, d. h. die verschiedenen Lesemodalitäten und Sehgewohnheiten – und hierbei auch besonders den Aspekt des Genusses digitaler Angebote –, die der digitale Raum im Unterschied zum analogen mit sich bringt, zunächst zu kennen, um daraus Formen der Vermittlung abzuleiten. Der Einfluss, den digitale Umgebungen auf das Leseverhalten (nicht die Lesezeit) der Lernenden hat, äußert sich in der Fokussierung auf zeitsparende Lesestrategien und erhöhte Ablenkungsmöglichkeiten, u. a. durch den Umgang mit multiplen Quellen. Das Lesen längerer, besonders literarischer Texte verlangt jedoch nach einer intensiven, vertieften Lektüre, die weniger der Informationsentnahme als dem Genuss dient. Auch wenn die

Erwartungen der Schüler:innen an digitale Texte, die v. a. in außerschulische und in soziale Kontexte eingebettete Handlungen integriert sind, eher dem Bereich Unterhaltung zuzuordnen sind, bedarf es auch hinsichtlich der zu Genusszwecken stattfindenden digitalen Lektüre einer Leseförderung, die nicht rein auf analogen, papier- und buchbezogenen Formaten basiert (vgl. von Brand, Eikenbusch & Mues 2023: 7). Besonders im Umgang mit längeren Texten, denen mental aufmerksam zu folgen ist und die eine immersive Lektüre bedingen, stellt sich die Frage nach der Eignung im Digitalen. Dies bedeutet, Aufgabenstellungen zu geben, die Lesestile wie *browsing, skimming* und *scanning* bedingen (u. a. versehen mit Zeitlimits, um einem Wort-für-Wort-lesen vorzubeugen, aber auch um das Einhalten der gesetzten Leseziele zu begleiten). Hierbei sollte nicht nur eine multimodale semiotische Bewusstheit angebahnt, sondern vor allem die Möglichkeiten des digitalen Raums voll ausgeschöpft werden, wozu auch der gezielte Einsatz von Online-Wörterbüchern oder Übersetzungsprogrammen gehört. Diese aus den Klassenzimmern nicht zu verbannen, sondern deren Nutzen in Anbetracht von Potenzial und Grenzen auszuloten und anzuleiten und von den Übersetzungsergebnissen zu lernen, stellt einen wichtigen Schritt zur digitalen Leseförderung und im weiteren Sinne zur Entwicklung einer Medienkompetenz dar.

Um sicherzustellen, dass Lernende beim Lesen im digitalen Raum nicht ausschließlich auf die Erstsprache oder das Englische als L2 zurückgreifen, ist eine ganzheitliche pädagogische Herangehensweise erforderlich. Dazu gehören die Förderung einer positiven Einstellung gegenüber Fremdsprachen, das Angebot interessanter und relevanter Lektüren in den Fremdsprachen sowie die Wahrnehmung als lesendes Mitglied einer mehrsprachigen digitalen Gemeinschaft. Besonders in Anbetracht der Möglichkeiten von *social reading* ermöglichen soziale Plattformen, zum Fremdsprachenlernen anzuregen und dieses zu bereichern, indem sich die Lernenden als aktive Teilnehmer:innen einer mehrsprachigen Lesegemeinschaft sehen, in der es reichhaltige soziale Interaktionen zwischen den Mitgliedern gibt und in der Literatur gesellschaftlich geschätzt wird (vgl. Strommen & Mates 2004: 188). Laut Merga (2014: 472) sind insbesondere für Jüngere der Einfluss und die Interaktionen von bzw. mit Gleichaltrigen wichtig, um eine positive Einstellung zum Lesen zu entwickeln, da sie sich gegenseitig Literatur empfehlen, gemeinsam Autor:innen folgen, sich über diese austauschen und so eine nachhaltige Lesemotivation entwickeln.

Generell ist dem Einsatz von Strategien mehr Bedeutung einzuräumen, denn das Navigieren und Evaluieren von Informationen in digitalen Umgebungen erfordert metakognitive Kontroll-, Textverarbeitungs- und Lesestrategien, die selbst bei erfahrenen Leser:innen zu einer Überlastung des kognitiven Systems führen können (vgl. Rosebrock 2020: 12). Zusammenfassend legt dies ebenso die Notwendigkeit offen, den aktuell vertretenen neokommunikativen Ansatz der Fremdsprachendidaktik um digital-kommunikative Prinzipien zu erweitern und auf diese hin zu aktualisieren, da erst durch einen kompetenten Umgang mit dem und funktionelles Agieren im digitalen Raum eine Leseförderung in der Fremdsprache ermöglicht und voll ausgeschöpft werden kann.

Angesichts des aktuell im deutschsprachigen Raum vertretenen starken Fokus auf die Digitalisierung in Schulen ist zu hoffen, dass neben der Bereitstellung von Hardware auch der Einzug von Lese-Software engagiert vorangetrieben wird. Diese muss Ablenkung gering halten, Textverarbeitungsstrategien erlauben und Multitasking (u. a. den Wechsel zu anderen Programmen limitieren) idealerweise verunmöglichen. So sollten digitale Lernumgebungen geschaffen werden, die die kognitive Verarbeitung der Inhalte aktiv fördern sowie Lehrkräfte bei der Planung digitaler Lesearrangements besonders mit Blick auf adaptive Differenzierungsangebote unterstützen. Die rasante Entwicklung KI-basierter Tools und Programme verspricht eine fruchtbare Grundlage für Förderangebote im Bereich des digitalen Lesens zu sein, die über Diagnostik zur Offenlegung der Leseausgangslage hin zu zugeschnittenen Übungsangeboten nicht nur nachhaltig zum Lesen motivieren und den Weg bahnen, sondern auch dazu befähigen, die Leseerfahrungen in der Kultur der Digitalität zu teilen und Lesen als kooperative und interaktive Praxis zu verstehen und mitzugestalten.

6. Unterrichtspraktische Beispiele

Im Folgenden werden zwei grob skizzierte unterrichtspraktische Beispiele zur Förderung des digitalen Lesens vorgestellt, die auf alle Fremdsprachen angewendet werden können. Einheit 1 richtet sich an Sprachanfänger:innen im zweiten Lernjahr, hier Französisch, kann aber auch für höhere Sprachniveaus oder andere Sprachen adaptiert werden. Einheit 2 widmet sich einem Beispiel aus dem Englischunterricht für Lerner:innen ab Niveaustufe B1.

6.1 Umgang mit Hyperlinks reflektieren (ab A2)

Im Fokus dieser Unterrichtseinheit steht die Anwendung digitaler Lesestrategien zur Vermeidung von *cyberwandering* anhand von Hyperlinks: Hyperlinks innerhalb des Textes fordern zu permanenten Entscheidungen auf, ob eine zusätzliche Seite geöffnet werden soll. Sie sollten nicht automatisch angeklickt, sondern bewusst und begründet ausgewählt werden (siehe Kapitel 3).

Zu Beginn der Stunde stellt die Lehrkraft das Konzept digitaler Reiseberichte vor und erklärt, wie diese durch Hyperlinks und Hashtags ergänzt werden. Alternativ kann das Vorwissen der Lernenden aktiviert und gemeinsam gesammelt werden, was digitale Reiseblogs ausmacht (z. B. in Form einer Mindmap). Bevor der digitale Text gelesen wird, sollte die Leseabsicht geklärt sein, denn die Schüler:innen müssen wissen, mit welchem Ziel sie einen Inhalt rezipieren, um ihr Leseverhalten entsprechend zu steuern (z. B. Anpassung ihrer Lesestrategien). Diese Leseziele können am Anfang festgehalten werden, um sie im Anschluss überprüfen und das Leseverhalten reflektieren zu können.

Nach der Vorentlastung des Wortschatzes (z. B. durch ein Spiel) lesen die Schüler:innen einen von der Lehrkraft ausgewählten Reiseblog. Bei der ersten Begegnung mit diesem sollten sich die Schüler:innen zunächst einen Überblick verschaffen, wie der Blog aufgebaut ist und ob die Lektüre entsprechend der gewünschten Leseabsicht lohnenswert ist bzw. welche (Unter-)Seiten und Abschnitte für die Lektüre infrage kommen (Einsatz von *scanning* und *skimming*). Für eine erste Orientierung sollten die Lernenden die verschiedenen Seitenelemente identifizieren und sich einen Überblick über den Aufbau der Webseite verschaffen. Dafür ist es notwendig, dass die Lernenden mit den entsprechenden fremdsprachlichen Begriffen für wiederkehrende Strukturelemente vertraut sind, so etwa: *mentions légales, à propos, accueil, lire la suite, en voir plus, liens utiles* usw. Hinweise auf den Textinhalt liefern (Zwischen-)Überschriften und Bilder sowie andere optische Hervorhebungen (vgl. Kapitel 3.1 und 4.1.1).

Während des Lesens sollen sie den eingebetteten Hyperlinks folgen, um mehr über die erwähnten Orte und Sehenswürdigkeiten zu erfahren. Um *cyberwandering* zu vermeiden (vgl. Kapitel 3.2.2), sind die Lernenden dazu angehalten, nur Hyperlinks zu folgen, die direkt mit dem Reisebericht zu tun haben. Im Abgleich mit ihrer im Vorfeld formulierten Leseabsicht ermitteln sie die Hyperlinks, denen sie folgen wollen, um zu vertiefenden Informationen zu gelangen und notieren sie in einer digitalen Liste. Dann werden die Links geprüft und in der Liste die im Link zu findenden, für den Inhalt des Blogs relevanten, wichtigsten Informationen notiert. Erst danach lesen die Lernenden den Reiseblog detailliert und folgen dem jeweiligen Leseauftrag der Lehrkraft.

In einer sich anschließenden Gruppenarbeitsphase können die Schüler:innen sich über die Hyperlinks, denen sie gefolgt sind (oder nicht) austauschen und diskutieren, welche Informationen sie dort gefunden haben, welche relevant und nützlich waren und nach welchen Kriterien sie entschieden haben, ob sie einem Hyperlink folgen oder nicht. Um die Lernenden für die Ablenkungsgefahr durch Hyperlinks zu sensibilisieren, kann es gegebenenfalls hilfreich sein, auch diskutieren zu lassen, inwiefern dieser Umgang mit Hyperlinks den Leseprozess beeinflusst hat (individuelle Vor- und Nachteile der Methode sammeln). Hieran lässt sich eine Diskussion darüber anschließen, wie Hyperlinks – die häufig auch für Werbezwecke genutzt werden oder zu gesponserten Inhalten führen – das Verständnis und die Attraktivität von digitalen Texten beeinflussen, womit sich eine kritische Medienkompetenz schulen lässt (vgl. Kapitel 4.2.2 und 4.2.3).

6.2 Quellen kritisch reflektieren (ab B1)

In der im Folgenden vorgestellten Unterrichtseinheit steht das kritische Reflektieren von digitalen Quellen anhand des Beispiels von Nachrichtenartikeln im Fokus. Zunächst stellt die Lehrkraft zwei oder mehr Nachrichtenartikel zu demselben Thema vor, die aus verschiedenen Online-Quellen stammen, für Englisch könnten dies beispielsweise BBC News und CNN sein.

Die Schüler:innen werden in zwei Gruppen (oder – falls mehr Texte verglichen werden sollen – mehr) geteilt. Jede Gruppe liest jeweils einen Artikel auf ihren eigenen Endgeräten. Während des Lesens markieren sie wichtige Passagen, unbekannte Wörter und interessante Fakten und machen sich Notizen zu einem zuvor je nach Thema formulierten Leseauftrag – dies kann analog oder digital, z. B. über Readwise oder Diigo geschehen, siehe Abschnitt 4.2.1). Der Leseauftrag sollte die Aufmerksamkeit auf die wesentlichen Informationen im Text lenken und eine aktive Auseinandersetzung mit dem Thema anregen. Er sollte gleichzeitig bereits auf die sich anschließende Phase des Textvergleiches vorbereiten. Dies kann beispielsweise dadurch geschehen, dass die Lehrkraft die Lernenden dazu anleitet, auf Wortwahl, Ton / Absicht, dargestellte Fakten und Quellenangaben zu achten. Um das Ablenkungspotenzial – v. a. für Lernende, die Schwierigkeiten haben, sich zu fokussieren, zu mindern – können Programme genutzt werden, die Hyperlinks, Werbung usw. aus digitalen Texten entfernen (z. B. Bionic Reading oder Ad-Blocker).

Anschließend werden Paare bzw. Gruppen so gebildet, dass jeweils ein:e Schüler:in pro Text anwesend ist (bei mehr als zwei Texten bietet sich die Methode „Gruppenpuzzle“ an). Die Lernenden vergleichen die Darstellung des Themas in den Artikeln anhand spezifischer Kriterien: Wortwahl, Ton / Absicht, dargestellte Fakten und Quellenangaben. Sie notieren Unterschiede in der Sprache und Terminologie, analysieren Absicht / Ton der Artikel, vergleichen die präsentierten Fakten und Daten und untersuchen die Quellenangaben. So können Unterschiede und Gemeinsamkeiten in den Texten erkannt und die Vertrauenswürdigkeit der Informationen bewertet werden. Gleichzeitig wird die Lenkung der Emotionen und die Intention hinter einem Artikel durch den Ton oder die Wortwahl in den jeweiligen Beiträgen deutlich.

Im Anschluss an die Gruppenarbeit kann eine Phase der Ergebnispräsentation oder ein Galeriegang organisiert werden, die bzw. der mit einer von der Lehrkraft moderierten abschließenden Diskussion über die verschiedenen Perspektiven und die Bedeutung von Medienkompetenz und kritischem Lesen endet. Diese abschließende Diskussion dient dazu, das Gelernte zu reflektieren und zu vertiefen sowie die Fähigkeit zur kritischen Analyse von Medieninhalten weiter zu festigen.

7. Literaturverzeichnis

Académie de Paris. 2022. *Guide de l'utilisation des réseaux sociaux en classe.* https://pia.ac-paris.fr/portail/upload/docs/application/pdf/2021-11/guide-rs_clemi_dane_canope_2021_version_2.pdf (26.04.2024).

Adamzik, K. 2019. Textsorten und ihre Beschreibung. In N. Janich (Hg.), *Textlinguistik. 15 Einführungen und eine Diskussion*, 2. Aufl. Narr Francke Attempto, 135–168.

Artelt, C. & Schlagmüller, M. 2004. Was versteht PISA unter Lesekompetenz? In U. Schiefele, C. Artelt, W. Schneider & P. Stanat (Hgg.), *Struktur, Entwicklung und Förderung von Lesekompetenz. Vertiefende Analysen im Rahmen von PISA 2000.* Springer VS, 139–168.

Baron, N. S. 2015. *Words onscreen: The fate of reading in a digital world.* Oxford University Press.

Beer, D. 2009. Power through the algorithm? Participatory web cultures and the technological unconscious. *New Media & Society* 11(6), 985–1002.

Bender, M. 2020. Digitale Methoden und Kulturtechniken. In H. Friese, M. Nolden, G. Rebane & M. Schreiter (Hgg.), *Handbuch Soziale Praktiken und Digitale Alltagswelten.* Springer VS, 385–392.

Berg, G. 2022. #Literaturvermittlung in und mit Social Media. Digitale Verfahren der Literatur- Wissenschaftskommunikation in Angewandter Literaturwissenschaft und Literaturdidaktik.

In J. Horstmann & F. Fischer (Hgg.), *Digitale Verfahren der Literaturwissenschaft. Digitales Journal für Philologie* 1. https://doi.org/10.17879/64059429098.

Bergfelder, A. & Caspari, D. 2008. Didaktisches Lexikon „Leseverstehen“ und „literarische Kompetenz“. *Praxis Fremdsprachenunterricht* 6, 58–59.

Blume, O.-M. & Nieweler, A. 2016. Lesen und Verstehen als komplexer Prozess. Potenziale und Grenzen im Französischunterricht. *Der fremdsprachliche Unterricht Französisch* 50(142), 2–9.

Bramlage, C. 2023. Je suis quelqu'un ! Pas un boloss ! Mit digitalen Übersetzungstools und einer Kurzgeschichte von Christophe Léon zum Thema „Mobbing“ arbeiten. *Der fremdsprachliche Unterricht Französisch* 181, 35–43.

Brinker, K., Cölfen, H. & Pappert, S. 2014. *Linguistische Textanalyse. Eine Einführung in Grundbegriffe und Methoden,* 8. Aufl. Erich Schmidt.

Brocca, N. 2020. Social Media in education and foreign language teaching. An introduction. *heiEDUCATION Journal* 5, 9–23.

Carr, N. G. 2010. *The shallows: What the Internet is doing to our brains.* W.W. Norton & Co.

Carpenter, J. P., Scott, M., Craft, M. & Lee, M. 2020. How and why are educators using Instagram? *Teacher and Teaching Education* 96, 1–14. https://doi.org/10.1016/j.tate.2020.103149.

Caspari, D. & Schinschke, A. 2000. Leben in mehreren Kulturen. Zum Einsatz von Kinder- und Jugendbüchern für Ziele des interkulturellen Lernens. *Französisch heute* 31(4), 468–479.

Caspari, D. & Holzbrecher, A. 2016. Individualisierung und Differenzierung im kompetenzorientierten Französischunterricht. In L. Küster (Hg.), *Individualisierung im Französischunterricht. Mit digitalen Medien differenzierend unterrichten.* Klett-Kallmeyer, 7–37.

Cho, B.-Y. 2014. Competent Adolescent Readers' Use of Internet Reading Strategies: A Think-Aloud Study. *Cognition and Instruction* 32(3), 253–289.

Cleger, O. 2015. La creación ciberliteraria: Definición, perfil y carta de navegación para orientarse en un campo emergente. *Letras Hispanas* 11, 262–280.

Coiro, J. 2021. Toward a Multifaceted Heuristic of Digital Reading to Inform Assessment, Research, Practice, and Policy. *Reading Research Quarterly* 56(1), 9–31.

Cole, D. R. & Pullen, D. L. 2010. *Multiliteracies in Motion. Current Theory and Practice.* Routledge.

Cope, B. & Kalantzis, M. 2000. *Multiliteracies. Literacy learning and the design of social futures.* Routledge.

Cope, B. & Kalantzis, M. 2015. *A pedagogy of multiliteracies: Learning by design.* Palgrave Macmillan.

Cope, B. & Kalantzis, M. 2020. Introduction: The Digital Learner – Towards a Reflexive Pedagogy. In M. Montebello (Hg.), *Handbook of Research on Digital Learning.* IGI Global, 18–31.

Cope, B. & Kalantzis, M. 2024. Towards Education Justice: The Multiliteracies Project Revisited. In G. C. Zapata, M. Kalantzis & B. Cope (Hgg.), *Multiliteracies in International Educational Contexts: Towards Education Justice.* Galliard, 1–33. https://doi.org/10.4324/9781003349662.

Cunningham, P. M. & Allington, R. L. 2016. *Classrooms that work: They can all read and write.* Pearson Education.

Dannecker, W. & Kónya-Jobs, N. 2021. Einführung: Literarisches Verstehen im Kontext von Digitalisierung und Inklusion. *MiDU – Medien Im Deutschunterricht* 3(1), 1–12. https://doi.org/10.18716/ojs/midu/2021.1.1.

Datenschutz-Schule.Info. 2023. *Schulische Nutzung von Social Media.* https://datenschutz-schule.info/themen/schule-und-social-media/schulische-nutzung-von-social-media/ (26.04.2024).

Delgado, P., Vargas, C., Ackerman, R. & Salmerón, L. 2018. Don't throw away your printed books: A meta-analysis on the effects of reading media on reading comprehension. *Educational Research Review* 2, 23–38. https://doi.org/10.1016/j.edurev.2018.09.003.

Doelker, C. 1999. *Ein Bild ist mehr als ein Bild. Visuelle Kompetenz in der Multimedia-Gesellschaft.* Klett-Cotta.

Elsner, D. 2018. Mehrsprachige (Lese-)texte aus der Perspektive der Fremdsprachendidaktik. In S. Kutzelmann & U. Massler (Hgg.), *Mehrsprachige Leseförderung. Grundlagen und Konzepte.* Narr Francke Attempto, 29–40.

Erarslan, A. 2019. Instagram as an Education Platform for EFL Learners. *Turkish Online Journal of Educational Technology – TOJET* 18(3), 54–69. https://eric.ed.gov/?id=EJ1223776 (26.04.2024).

European Commission, Joint Centre, Vuorikari, R., Kluzer, S. & Punie, Y. 2022. *DigComp 2.2: The Digital Competence Framework for Citizens – With new examples of knowledge, skills and attitudes.* Publications Office of the EU. https://data.europa.eu/doi/10.2760/115376 (26.04.2024).

Franke, M. & Lachmund, A.-M. 2023. ¿Cómo leen alumnas y alumnos de ELE textos digitales? – Un estudio exploratorio. *Red Electrónica de Didáctica del Español como Lengua Extranjera (redELE)* 35, 15–33. https://www.libreria.educacion.gob.es/libro/redele-no-35-revista-electronica-de-didactica-espanol-como-lengua-extranjera_184117/ (26.04.2024).

Franke, M. & Lachmund, A.-M. In Druck. Netzliteratur lesen zwischen Grenzüberschreitung und Neuausrichtung – Eine qualitative Studie mit Französischlernenden. In N. Kulovics, O. Mentz & T. Raith (Hgg.), *Grenzen, Grenzräume, Entgrenzungen. Dokumentation des 30. Kongress der DGFF vom 26. bis 29. September 2023, PH Freiburg i. Br.*

Frederking, V. 2006. Synästhetik multimedialer Gesamttexte. In H-J. Kliewer & I. Pohl (Hgg.), *Lexikon der Deutschdidaktik*, Band 2. Schneider.

Frederking, V. & Krommer, A. 2019. *Digitale Textkompetenz. Ein theoretisches wie empirisches Forschungsdesiderat im deutschdidaktischen Fokus.* https://www.deutschdidaktik.phil.fau.de/files/2020/05/frederking-krommer-2019-digitale-textkompetenzpdf.pdf (26.04.2024).

Gonulal, T. 2019. The Use of Instagram as a Mobile-Assisted Language Learning Tool. *Contemporary Educational Technology* 10(3), 309–323. https://doi.org/10.30935/cet.590108.

Groeben, N. 2006. Dimensionen der Medienkompetenz. Deskriptive und normative Aspekte. In Ders. & B. Hurrelmann (Hgg.), *Medienkompetenz. Voraussetzungen, Dimensionen, Funktionen.* Beltz, 160–197.

Grünewald, A. 2017. Digitale Medien. In A. Nieweler (Hg.), *Fachdidaktik Französisch. Das Handbuch für Theorie und Praxis.* Klett, 157–175.

Gwozdz, P. A. 2021. Schöne neue Welt des Fast Food Reading: Ansätze zur Erforschung der digitalen Erzählstruktur bei Instagram. *Hispanorama* 173, 52–57.

Hallet, W. 2016. Fokus: Texte – Medien – Literatur – Kultur. In K.-R. Bausch, E. Burwitz-Melzer, H.-J. Krumm, G. Mehlhorn & C. Riemer (Hgg.), *Handbuch Fremdsprachendidaktik*, 6. Aufl. Narr Francke Attempto, 39–43.

Hallet, W. 2020. Entwicklung der Multiliteralität. In Ders., F. G. Königs & H. Martinez (Hgg.), *Handbuch Methoden im Fremdsprachenunterricht.* Friedrich, 165–169.

Henseler, R. & Surkamp, C. 2007. Leselust statt Lesefrust. Lesemotivation in der Fremdsprache Englisch fördern (inkl. Methode im Fokus). *Der fremdsprachliche Unterricht Englisch* 41(89), 2–19.

Henseler, R. & Surkamp, C. 2020. Entwicklung des Leseverstehens. In W. Hallet, F. G. Königs & H. Martinez (Hgg.), *Handbuch Methoden im Fremdsprachenunterricht.* Friedrich, 144–148.

Hermann, L. & Horstkotte, S. 2016. *Gegenwartsliteratur. Eine Einführung.* J. B. Metzler.

Hille, A. 2020. Digitale Literatur im Fremdsprachenunterricht. In Dies. & O. N. Völkel (Hgg.), *Was zu beginnen nicht aufhört. Facetten von Gegenwartsliteratur in der internationalen Germanistik und im Fach Deutsch als Fremdsprache.* Iudicium, 114–131.

Hoffmann, S. 2010. Heterogenität und Differenzierung. In W. Hallet & F. G. Königs (Hgg.), *Handbuch Fremdsprachendidaktik.* Klett, 160–164.

Höfler, E. 2020a. Digitale Bild-Text-Konstrukte. Schreiben multicodal und symmedial. In S. Knaller, D. Pany-Habsa & M. Scholger (Hgg.), *Schreibforschung interdisziplinär. Praxis – Prozess – Produkt.* transcript, 65–80.

Höfler, E. 2020b. Literaturvermittlung 2.0: Blogs, Vlogs & Co. In A. Grünewald, M. Hethey & K. Struve (Hgg.), *KONTROVERS. Literaturdidaktik meets Literaturwissenschaft.* WVT, 269–285.

Höfler, E. & Aspalter, C. 2024. Und sie lesen doch! Lesen in digitalen Kontexten. In M. Franke, E. Höfler & A.-M. Lachmund (Hgg.), *Spanischunterricht digital: Interaktion, Interdisziplinarität, Intertextualität.* Frank & Timme.

Hutchison, E. 2018. Affective Communities and World Politics. *E-International Relations.* https://www.e-ir.info/2018/03/08/affective-communities-and-world-politics/ (26.04.2024).

ISB = Staatsinstitut für Schulqualität und Bildungsforschung Bayern. 2022. *#Digitales Lesen.* https://www.lesen.bayern.de/digitales-lesen/ (26.04.2024).

Jenkins, H., Clinton, K., Ravi Purushotma A., Robison, J. & Weigel, M. 2009. *Confronting the Challenges of Participatory Culture: Media Education for the 21st Century.* MIT.

Jolley, J. R. & Maimone, L. 2022. Thirty Years of Machine Translation in Language Teaching and Learning: A Review of the Literature. *L2 Journal* 14(1), 26–44. https://doi.org/10.5070/L214151760.

Karolinska-Institut. 2023. *Entscheidung über den Vorschlag für eine nationale Digitalisierungsstrategie für das Schulsystem 2023–2027.* https://die-pädagogische-wende.de/wp-content/uploads/2023/07/Karolinska-Stellungnahme_2023_dt.pdf (26.04.2024).

Kerschhofer-Puhalo, N. 2018. Multimodalität und Multiliteralität in der Leseförderung. In S. Kutzelmann & U. Massler (Hgg.), *Mehrsprachige Leseförderung. Grundlagen und Konzepte.* Narr Francke Attempto, 163–176.

KMK = Kultusministerkonferenz. 2023. *Bildungsstandards für die erste Fremdsprache (Englisch/Französisch) für den Ersten Schulabschluss und den Mittleren Schulabschluss.* www.kmk.org/fileadmin/veroeffentlichungen_beschluesse/2023/2023_06_22-Bista-ESA-MSA-ErsteFremdsprache.pdf (26.04.2024).

Koch, C. 2011. Strategien: Spanisch effektiver lernen und anwenden. *Der fremdsprachliche Unterricht Spanisch* 35, 4–11.

Koch, C. 2021. Leseverstehen. In M. Bär & M. Franke (Hgg.), *Spanisch Didaktik. Praxishandbuch für die Sekundarstufe I und II,* 2. Aufl. Cornelsen, 37–42.

Kräling, K. 2021. *Digitalisierung im Spanischunterricht – Lesen,* https://www.klett.de/inhalt/digitalisierung-im-spanischunterricht/lesen/153989 (26.04.2024).

Kress, G. 2014. What is mode? In C. Jewitt (Hg.), *The Routledge Handbook of Multimodal Analysis,* 2. Aufl. Routledge, 0–75.

Lachmund, A.-M. 2024. *Multimodal semiotic awareness* mit dem populären Netzphänomen #Instapoetry im Italienisch- und Spanischunterricht fördern. *Zeitschrift für Romanische Sprachen und ihre Didaktik* 18(1), 9–37.

Lachmund, A.-M. In Druck. *Social Media* in den Fremdsprachenunterricht integrieren – Voraussetzungen, Herausforderungen und Lösungs(um)wege. In S. Haberland & C. Koch (Hgg.), *Das Zusammenspiel physischer Präsenz und digitaler Virtualität im Unterricht romanischer Sprachen.* Ibidem.

Lauterman, T. & Ackerman, R. 2014. Overcoming screen inferiority in learning and calibration. *Computers in Human Behavior* 35, 455–463. https://doi.org/10.1016/j.chb.2014.02.046.

Lee, S.-M. 2020. The impact of using machine translation on EFL students' writing. *Computer Assisted Language Learning* 33(3), 157–175. https://doi.org/10.1080/09588221.2018.1553186.

Lehrner-te Lindert, E. 2020. *Fremdsprachliches Lesen mit literarischen Texten. Zur Entwicklung von Leseverstehen und literarischer Kompetenz im DaF-Unterricht der niederländischen Sekundarstufe I.* Erich Schmidt.

Leow, R. P. 2019. ISLA: How implicit or how explicit should it be? Theoretical, empirical, and pedagogical/curricular issues. *Language Teaching Research* 23(4), 476–493. https://doi.org/10.1177/1362168818776674.

Leupold, E. 2007. *Französisch unterrichten. Grundlagen, Methoden, Anregungen*, 4. Aufl. Kallmeyer.

Lidström, S. 2019. Digitally speaking...: How secondary school English teachers perceive the use of digital translation tools in English language learning. Universität Umeå. http://urn.kb.se/resolve?urn=urn:nbn:se:umu:diva-164930 (26.04.2024).

Lim, H. & Fussell, S. R. 2017. Making Sense of Foreign Language Posts in Social Media. *Proc. ACM Hum. – Comput. Interact. 1, CSCW, Article 69*, 1–16. https://doi.org/10.1145/3134704.

Lim, F. V. & Toh, W. 2020. How to teach digital reading? *Journal of Information Literacy* 14(2), 24–43. http://dx.doi.org/10.11645/14.2.2701.

Liu, Z. 2005. Reading behavior in the digital environment: Changes in reading behavior over the past ten years. *Journal of Documentation* 61(6), 700–712. https://doi.org/10.1108/00220410510632040.

Loh, C. E. & Sun, B. Q. 2019. „I'll still prefer to read the hard copy": Adolescents' print and digital reading habits. *Journal of Adolescent and Adult Literacy* 62(6), 663–672. https://doi.org/10.1002/jaal.904.

Lutjeharms, M. 2007. Fremdsprachliches Leseverstehen. *Französisch heute* 38(2), 106–120.

Mangen, A., Walgermo, B. R. & Brønnick, K. 2013. Reading linear texts on paper versus computer screen: Effects on reading comprehension. *International Journal of Educational Research* 58, 61–68. https://doi.org/10.1016/j.ijer.2012.12.002.

Merga, M. K. 2014. Peer group and friend influences on the social acceptability of adolescent book reading. *Journal of Adolescent and Adult Literacy* 57(6), 472–482. https://doi.org/10.1002/jaal.273.

MPFS = Medienpädagogischer Forschungsverbund Südwest. 2023. *JIM-Studie 2023. Jugend, Information, (Multi-) Media. Basisunter-*

suchung zum Medienumgang 12- bis 19-Jähriger. MPFS. https://www.mpfs.de/fileadmin/files/Studien/JIM/2022/JIM_2023_web_final_kor.pdf (26.04.2024).

Müller-Hartmann, A. & Schocker-von Dithfurth, M. (Hg.) 2008. *Aufgabenorientiertes Lernen und Lehren mit Medien. Ansätze, Erfahrungen, Perspektiven in der Fremdsprachendidaktik.* Peter Lang.

Nieweler, A. 2017a. Schulung der funktionalen kommunikativen Kompetenz. In Ders. (Hg.), *Fachdidaktik Französisch. Das Handbuch für Theorie und Praxis.* Klett, 114–131.

Nieweler, A. 2017b. Umgang mit Texten und Medien. In Ders. (Hg.), *Fachdidaktik Französisch. Das Handbuch für Theorie und Praxis.* Klett, 209–233.

Noack-Ziegler, S. & Pachale, H. 2020. Simple comme bonjour – oder doch nicht? Lernende für mögliche Stolperfallen bei der Verwendung von Online-Wörterbüchern und Übersetzungshilfen sensibilisieren. *Praxis Fremdsprachenunterricht. Französisch* 17(1), 10–12.

Nordquist, R. 2017. Definition and examples of text in language studies. *Thought Co.* https://www.thoughtco.com/text-language studies 1692537 (26.04.2024).

Nünning, A. & Rupp, J. 2012. ‚The Internet's New Storytellers': Merkmale, Typologien und Funktionen narrativer Genres im Internet aus gattungstheoretischer, narratologischer und medienkulturwissenschaftlicher Sicht. In Dies., Hagelmoser, R. & Meyer, J. I. (Hgg.), *Narrative Genres im Internet. Theoretische Bezugsrahmen, Mediengattungstypologie und Funktionen.* WVT, 3–50.

Nünning, A. & Surkamp, C. 2008. *Englische Literatur unterrichten. Grundlagen und Methoden*, 2. Aufl. Klett-Kallmeyer.

Oakhill, J., Cain, K. & Elbro, C. 2015. *Understanding and teaching reading comprehension: a handbook.* Routledge.

OECD = Organisation for Economic Cooperation and Development. 2021. *21st-century readers: Developing literacy skills in a digital world.* PISA. https://doi.org/10.1787/a83d84cb-en.

ÖSZ = Österreichisches Sprachen-Kompetenz-Zentrum. 2023. *#LesenDigital. Leseförderung in einem digitalisierten Unterricht.* ÖSZ. https://www.oesz.at/fileadmin/user_upload/03LesenDigital_oesz_barrierefrei.pdf (26.04.2024).

O'Sullivan, E. & Rösler, D. 2013. *Kinder und Jugendliteratur im Fremdsprachenunterricht.* Stauffenburg, 42–58.

Patterson, N. G. 2000. Hypertext and the changing role of readers. *The English Journal* 90(2), 74–80. http://doi.org/10.2307/821221.

Perrin, R., Wild, S., Diederich, C. & Grimm, L. 2021. Digitale Übersetzungstools im Fremdsprachenunterricht der Sekundarstufe I: Nutzung von DeepL und LEO aus der Sicht von Lernenden am Beispiel einer Schreibaufgabe. *Bulletin suisse de linguistique appliquée* 114, 113–129.

Philipp, M. 2018. *Lesekompetenz bei multiplen Texten. Grundlagen – Prozesse – Didaktik.* Narr Francke Attempto.

Proaps, A. B. & Bliss, J. P. 2014. The effects of text presentation format on reading comprehension and video game performance. *Computers in Human Behavior* 36, 41–47. https://doi.org/10.1016/j.chb.2014.03.039.

Reimann, D. 2014. *Transkulturelle kommunikative Kompetenz im Unterricht der romanischen Sprachen. Theorie und Praxis eines neokommunikativen und kulturell bildenden Französisch-, Spanisch-, Italienisch- und Portugiesischunterrichts.* Ibidem.

Rosebrock, C. 2018. Leseförderung im Kontext der Mehrsprachigkeit aus der Perspektive der Deutschdidaktik. In S. Kutzelmann & U. Massler (Hgg.), *Mehrsprachige Leseförderung. Grundlagen und Konzepte.* Narr Francke Attempto, 15–28.

Rosebrock, C. 2020. Netzlektüre und Deep Reading: Entmischungen der Lesekultur. *Leseforum Schweiz* 2, 1–16. https://www.leseforum.ch/sysModules/obxLeseforum/Artikel/694/2020_2_de_rosebrock.pdf (26.04.2024).

Rosebrock, C. & Nix, D. 2017. *Grundlagen der Lesedidaktik und der systematischen schulischen Leseförderung*. Baltmannsweiler.

Rindlisbacher, B. 2021. *Lesen in der Fremdsprache Französisch. Kompetenzen von Drittklässlerinnen und Drittklässlern mit unterschiedlichen Schrift- und Sprachfähigkeiten in der Erstsprache Deutsch*. Waxmann.

Salmerón, L., Strømsø, H. I., Kammerer, Y., Stadtler, M. & van den Broek, P. 2018. Comprehension processes in digital reading. In M. Barzillai, J. Thomson, S. Schroeder & P. van den Broek (Hgg.), *Learning to read in a digital world*. John Benjamins, 91–120. https://doi.org/10.1075/swll.17.

Shibata, K. & Omura, H. 2010. Survey research on reading and writing for paper and electronic media. *Shigyo Times* 62(10), 18–30.

Shibata, H., Fukase, Y., Hashimoto, K., Kinoshita, Y., Kobayashi, H., Nebashi, S. et al. 2016. A proposal of future electronic paper in the office: Electronic paper as a special-purpose device cooperating with other devices. *ITE Transactions on Media Technology and Applications* 4(4), 308–315.

Shibata, H. & Omura, K. 2020. *Why Digital Displays Cannot Replace Paper: The Cognitive Science of Media for Reading and Writing*. Springer.

Simanowski, R. 2007. Holopoetry, biopoetry and digital literature. Close reading and terminological debates. In P. Gendolla & J. Schäfer (Hgg.), *The aesthetics of net literature. Writing, reading and playing in programmable media*. JSTOR, 43–66.

Singer, L. M. & Alexander, P. 2017. Reading across mediums: Effects of reading digital and print texts on comprehension and calibration. *The Journal of Experimental Education* 85(1), 155–172.

Sparrow, B., Liu, J. & Wegner, D. M. 2011. Google effects on memory: Cognitive consequences of having information at our fingertips. *Science* 333(6043), 776–778.

Stavanger Declaration. 2019. *COST E-READ Stavanger Declaration Concerning the Future of Reading*. http://ereadcost.eu/wp-content/uploads/2019/01/StavangerDeclaration.pdf (26.04.2024).

Strommen, L. T. & Mates, B. F. 2004. Learning to love reading: Interviews with older children and teens. *Journal of Adolescent and Adult Literacy* 48(3), 188–200. https://doi.org/10.1598/JAAL.48.3.1.

Subrahmanyam, K., Michikyan, M., Clemmons, C., Carrillo, R., Uhls, Y. T. & Greenfield, P. M. 2013. Learning from paper, learning from screens: Impact of screen reading and multitasking conditions on reading and writing among college students. *International Journal of Cyber Behavior, Psychology and Learning* 3(4), 1–27. https://psycnet.apa.org/doi/10.4018/ijcbpl.2013100101.

Taddicken, M. & Schmidt, J.-H. 2017. Entwicklung und Verbreitung sozialer Medien. In Dies. (Hgg.), *Handbuch Soziale Medien*. Springer VS, 3–22.

Thirunarayanan, M. 2003. From thinkers to clickers: The World Wide Web and the transformation of the essence of being human. *Ubiquity* 5. https://doi.org/10.1145/782792.77795.

Tomasello, M. 2003. *Constructing a language: A usage-based theory of language acquisition*. Harvard University Press.

Tran, P., Carrillo, R. & Subrahmanyam, K. 2013. Effects of online multitasking on reading comprehension of expository text. *Cyberpsychology: Journal of Psychosocial Research on Cyberspace* 7(3), Article 2. http://dx.doi.org/10.5817/CP2013-3-2.

Tveit, Å. K. & Mangen, A. 2014. A joker in the class: Teenage readers' attitudes and preferences to reading on different devices. *Library & Information Science Research* 36(3–4), 179–184. https://doi.org/10.1016/j.lisr.2014.08.001.

Udry, I. & Berthele, R. 2023a. Digitale Übersetzungsprogramme und Online-Wörterbücher im Fremdsprachenunterricht: Erkenntnisse aus einer Umfrage bei Lehrpersonen und Lernenden der obligatorischen, post-obligatorischen und tertiären Bildung. *Linguistik Online* 120(2), 145–167. https://doi.org/10.13092/lo.120.9720.

Udry, I. & Berthele, R. 2023b. Welche fremdsprachlichen Lernziele der Schulen können mit digitalen Tools aber ohne Lernen erreicht werden? *Zeitschrift für Interkulturellen Fremdsprachenunterricht* 28(1), 443–461. https://doi.org/10.48694/zif.3519.

von Brand, T., Eikenbusch, G. & Mues, B. 2023. *Digitales Lesen. Grundlagen – Perspektiven – Unterrichtspraxis.* Klett-Kallmeyer.

Voß-Nakkour, S., Rustemeier, L., Möhring, M., Deitmer, A. & Grimminger, S. 2023. (Hgg.), *Digitale Barrierefreiheit in der Bildung weiter denken. Innovative Impulse aus Praxis, Technik und Didaktik.* https://doi.org/10.21248/gups.62773.

Wampfler, P. 2017. *Digitaler Deutschunterricht. Neue Medien produktiv einsetzen.* Vandenhoeck & Ruprecht.

Wanning, B. 2017. *Lesestrategien für digitale Medien.* De Gruyter.

Wästlund, E., Norlander, T. & Archer, T. 2008. The effect of page layout on mental workload: A dual-task experiment. *Computers in Human Behavior* 24(3), 1229–1245. https://doi.org/10.1016/j.chb.2007.05.001.

Wendt, M. 1996. Zum Thema „Fremdheit“ in Texten für den spät einsetzenden Spanischunterricht. In H. Christ & M. K. Legutke (Hgg.), *Fremde Texte verstehen. Festschrift für Lothar Bredella zum 60. Geburtstag.* Narr, 135–147.

Wengler, J. 2023a. Chance oder Auslaufmodell? Neue Perspektiven für das Schreiben in Zeiten der Digitalität. *Der fremdsprachliche Unterricht Französisch* 181, 2–11.

Wengler, J. 2023b. Literatura digital – mehr als Literatur im Netz. *Der Fremdsprachliche Unterricht Spanisch* 81, 2–7.

Wilke, F. 2022. *Digital Lesen. Wandel und Kontinuität einer literarischen Praktik.* transcript.

Winko, S. 2016. Literatur und Literaturwissenschaft im digitalen Zeitalter. *Der Deutschunterricht* 5, 1–13.

Wunsch, C. 2006. Binnendifferenzierung. In U. O. H. Jung (Hg.), *Praktische Handreichung für Fremdsprachenlehrer.* Peter Lang, 41–47.

Zerweck, B. 2002. Der *cognitive turn* in der Erzähltheorie: Kognitive und ‚Natürliche' Narratologie. In A. Nünning & V. Nünning (Hgg.), *Neue Ansätze der Erzähltheorie.* WWT, 219–242.